Hermann Schäfer

Über die Pariser Hss. 1451 und 22555 der Huon de Bordeaux-Sage

Hermann Schäfer

Über die Pariser Hss. 1451 und 22555 der Huon de Bordeaux-Sage

ISBN/EAN: 9783743628342

Hergestellt in Europa, USA, Kanada, Australien, Japan

Cover: Foto ©Thomas Meinert / pixelio.de

Weitere Bücher finden Sie auf **www.hansebooks.com**

AUSGABEN UND ABHANDLUNGEN

AUS DEM GEBIETE DER

ROMANISCHEN PHILOLOGIE.

VERÖFFENTLICHT VON E. STENGEL.

XC.

ÜBER DIE PARISER HSS. 1451 UND 22555

DER

HUON DE BORDEAUX-SAGE.

BEZIEHUNG DER HS. 1451 ZUR „CHANSON DE CROISSANT";
DIE „CHANSON DE HUON ET CALLISSE"; DIE „CHANSON DE HUON,
ROI DE FÉERIE".

VON

HERMANN SCHÄFER.

MARBURG.

N. G. ELWERT'SCHE VERLAGSBUCHHANDLUNG.

1892.

.

Meinen Eltern

in dankbarer Liebe gewidmet.

Einleitung.

§ 1. In »Ausg. u. Abh. aus d. Geb. d. roman. Phil. LXXXIII«
giebt Max Schweigel drei Fortsetzungen der chanson von Huon
de Bordeaux, »Esclarmonde«, »Clarisse et Florent« und »Yde et
Olive« nach der Turiner Handschrift L. II. 14. Die »chanson
de Godin« (vergl. Schweigel § 229), eine weitere Fortsetzung,
wird bald von Fricke veröffentlicht werden. Notwendig er-
scheint uns noch eine Untersuchung derselben Handschrift in
bezug auf den eigentlichen Roman »Huon de Bordeaux«, um so
mehr, als dessen Schlussverse hier nicht übereinstimmen mit
denen der beiden Pariser Handschriften und derjenigen von
Tours, Ed. Guessard.

§ 2. Im Herbst 1890 machte ich mich auf Herrn Prof. Stengels
Rat in Paris daran, die eben erwähnten Pariser Handschriften
Bibl. nat. frç. 22555 und 1451 mit einander und dem Druck
von Guessard zu vergleichen und die an P 22555 angefügte
Fortsetzung »Huon, roi de féerie« zu copieren. Zuerst copierte
ich diese Fortsetzung; dann nahm ich P 1451 vor, von der
L. Gautier in Les épopées françaises III³ 734 mitteilt: »l'auteur
de ce rajeunissement s'est arrêté au même point que nos plus
anciens manuscrits. Il connaît les Suites de notre roman,
mais n'entreprend pas de les raconter.« Was liess
sich also anderes in der Handschrift erwarten, als der eigent-
liche Roman Huon de Bordeaux? In diesem guten Glauben
fing ich meine Arbeit auch an und war nicht wenig erstaunt,
als ich merkte, dass der auteur von P 1451 nicht nur Fort-
setzungen unsres Romans kennt, sondern auch erzählt und
zwar die »chanson d'Esclarmonde«, »chanson de Huon, roi de
féerie«[1]) und die »chanson de Clarisse et Flourent«; ja sogar eine
scharfe, gedrängte Inhaltsangabe der »chanson de Croissant«
finden wir darin, von welcher L. Gautier lediglich im Hinblick
auf die letzten Verse der Handschrift schreibt: »Il (l'auteur)
fait même allusion au Roman de Croissant qui en effet a existé
indépendamment du nôtre; mais il se contente d'y renvoyer
ses lecteurs«. Nun aber wird an mehreren Stellen der H. von

---

1) Allerdings an 2 von einander getrennten Stellen; vgl. § 29.

Croissant erzählt; das meiste ist im eigentlichen Roman H. de B. eingeschoben. Ausserdem findet sich in P 1451 noch eine bedeutende Interpolation im eigentlichen Huon-Romane von ungefähr 2400 Versen.

§ 3.   Da mir diese Handschrift des Interessanten so viel bot, habe ich sie ganz copiert. In vorliegender Abhandlung jedoch muss ich mich auf die Behandlung folgender Teile beschränken.

§ 4.   Die Behandlung des eigentlichen Romans H. de B., sowie die der Fortsetzungen »ch. d'Esclarmonde« und »ch. de Clarisse et Flourent« bleibt für später vorbehalten.

Anmerk. In der Ausgabe des »Galien« Ausg. u. Abh. LXXXIV hat Herr Prof. Stengel auf Seite 397 vorliegende Arbeit bereits angekündigt; ausserdem auf Seite 398 den wertlosen Aufsatz Caspar Riedls »Huon de Bordeaux in Geschichte und Dichtung« (erschienen in der Zeitschrift für vergleich. Litteraturgesch., hrsg. von Dr. M. Koch und Dr. L. Geiger; Neue Folge, III. Band, 1. u. 2. Heft) gebührend beurteilt.

I. Teil.

P 1451 als Ganzes. § 5.

A) Form.

Die Handschrift ist in gelblichem Ledereinband gebunden, 20,4 cm breit, 28,3 cm hoch, 4,7 cm dick inclusive Einband; sie besteht aus 225 Papierblättern und trug früher die Nummern: Codex Regius 7535.6; Cangé 72 od. 28.

Sie enthält auf 224 beschriebenen Blättern [1]) etwa 14820 § 6. Zwölfsilbner, die von einer Hand geschrieben zu sein scheinen. Sie besteht aus 19 fortlaufend numerierten Heften à 12 Blättern und müsste demnach 228 Blätter zählen; leider aber sind die 4 ersten Blätter ausgerissen. Auf dem jetzigen 9. Blatte des Bandes, dem 8.[2]) also der Hs. steht die Heftzahl 2. Da nun im Durchschnitt jedes Blatt 2 × 32 Verse hat, so fehlen 4 × 2 × 32 d. i. ungefähr 256 Verse. Somit wird wohl das unbeschädigte Manuscript 15076 Verse gehabt haben.

B) Inhalt.

1. Eigentlicher Roman »Huon de Bordeaux« inclusive der § 7. auf »Croissant« und »Huon et Callisse« bezüglichen Verse reicht von fol. 2—164 r 20.

a) Die Croissant betreffenden eingeschalteten Verse stehen: fol. 26 r 25-30; 140 v 20—141 r 28 und 145 v 24—146 r 16. Ausserdem noch kurze Erwähnungen fol. 168 r 15; 225 r 14—225 v 3 im Epilog. (Schweigel: V. 7238—7641; 8042—8053 und 8381.)

b) Die grosse Interpolation »chanson de Huon et Callisse« findet sich fol. 89 r —127 r 16, etwa 2400 Verse. Sie würde im Guessardschen Druck einzuschalten sein an Stelle der Verse 7966—8008.

2. In der 326. Tirade fol. 164 r 21 reihen sich unmittelbar § 8. die Fortsetzungen an, so dass es nicht leicht ist, einen Endvers des eigentlichen Huon-Romans zu fixieren. Unter den Fortsetzungen finden wir folgende chansons:

a) chanson d'Esclarmonde fol. 164 r 21 — 202 r 6 (Schweigel: 1—2540).

b) chanson de Huon, roi de féerie fol. 202 r 7 — 206 v 15 (Schweigel: 2541—3160). Während Schweigel im Anschluss an Gautier (vgl. § 2) diesen Teil zur chanson d'Es-

---

1) Guessard in der Einleitung LI giebt irrtümlich 225 beschriebene Blätter an.
2) Das 1. Blatt ist vom Buchbinder später zugefügt worden.

clarmonde rechnet, sondere ich ihn als selbständige Fortsetzung aus, da ich darin ein geschlossenes Ganze erblicke. Dazu halte ich mich um so mehr berechtigt, als wir auf den letzten 6 Blättern der Pariser Handschrift Bibl. nat. frç. 22555 eine besondere chanson »Huon, roi de féerie« finden, die Verwandtschaft mit der unsrigen zeigt, jedenfalls aber beweist, dass eine solche selbständig existierte. Um keine Verwechslungen herbeizuführen, gebe ich bei dieser chanson »Huon roi de féerie« die Handschriftennummer an, also entweder H. r. d. f. 1451 oder 22555.

c) chanson de Clarisse et Flourent fol. 206 v 16 — 225 r 13 (Schweigel: 3482—6183). Sie ist die einzige, die mit neuer Tirade anfängt.

d) Epilog mit Hinweis auf Croissant fol. 225 r 14—225 v 13.

II. Teil.

§ 9.   **Untersuchung über die chanson de Croissant.**

Die § 7 a aufgezählten Stellen von P 1451 stehen mit erläuternden sachlichen Bemerkungen am Ende der Abhandlung. Vergleichen wir diese Verse von P 1451 mit den entsprechenden von T (ed. Schweigel 7238—7641; 8042—8053; 8381), so ergeben sich uns:

a) Berührungspunkte in beiden Handschriften;

b) Besonderheiten von P 1451.

Daraus fassen wir c) das Verhältnis beider Hss. ins Auge.

§ 10. a) Welche Berührungspunkte ergeben sich aus den angeführten Stellen von P 1451 mit T L. II. 14?

In T ist die »chanson de Croissant« eingeschoben in die chanson d'Yde et Oliue, Schweigel 6184—8065. Wir zählen die Berührungspunkte der zeitlichen Aufeinanderfolge nach auf.

1. Hochzeit von Clarisse, Tochter Huons und der Esclarmonde, mit Flourent, dem Sohne des Königs Garin von Arragon: P 1451 fol. 215 r 14-16 = Schweigel 6002—6079.

2. Clarisse giebt einer Tochter Yde das Leben: P 1451 fol. 225 r 20,24 = Schweigel 6253 f.

3. Yde wird durch Gottes Willen zu einem Manne verwandelt: P 1451 fol. 225 r 21-23 = Schweigel 7222—7235.

4. Yde heiratet die Tochter des »empereour de Rome«, welche nach T »Oliue«, nach P »Beatris« heisst. Der empereour ist in P nicht mit Namen genannt, in T heisst er »Oton«. P fol. 225 r 25-27 = Schw. 7091—7217.

5. Croissant, Sohn von Yde und Oliue resp. Beatris, wird geboren. P fol. 225 r 28 f. = Schw. 7250—7256.

6. Croissants Armut und Verlassenheit. P fol. 141 r 4 und fol. 225 r 31 = Schw. 7298—7303.

7. Croissants Mühen und Kämpfe. P fol. 141 r 3 = Schw. 7303—7554.

8. Der verborgene »tresor Croissant«. P fol. 140 v 20-34, 141 r 1-28, 145 v 24-34, 146 r 1-7 = Schw. 7460—7480.

9. Croissant wird Besitzer des tresor. P fol. 141 r 5, 17-20, 27 f., 146 r 2-10 = Schw. 7610—7626.

10. Vor Croissant ist schon von einem edlen Fürsten der Versuch gemacht worden, den tresor zu heben, aber vergebens. P fol. 146 r 2 = Schw. 7460—7484.

11. Croissant wird König von Rom. P fol. 141 r 24, 146 r 12, 225 r 19 = Schw. 7635—7648.

b) Welche Besonderheiten enthält P 1451?　　§ 11.

Sie finden sich fol. 26 r 25-30, 141 r 5-8, 21-24, 146 r 11-16, 168 r 14, 225 v 1 f. Nach allen diesen Stellen musste Croissant manchen schweren Kampf gegen die satenas im Orient bestehen. Dabei war eben der tresor von grösster Bedeutung für Croissant, besonders haubert, cor und hanap.

Von obigen 5 Stellen nimmt fol. 26 r 25-30 insofern eine Sonderstellung ein, als sie von drei Erben Croissants redet, denen aber im grunde dieselben Eroberungen zugeschrieben werden wie dem Croissant selbst in den übrigen Stellen. Doch auch fol. 146 r 15 f. weist auf einen »hoir Croissant« hin. Möglich ist also, dass die chanson de Croissant auch ihrerseits wieder Fortsetzungen gehabt hat.

Wenn wir uns das Verhältnis Huons zu Croissant ähnlich denken, wie das Oberons zu Huon, so werden wir wohl nicht irren. Vgl. fol. 168 r 14.

Hier sei nur kurz erwähnt, dass auch der Prosadruck von § 12. 1545 (Olyvier Arnoullet, Lyon) offenbar eine Quelle kennt, welche von Croissants Thaten nach Hebung des Schatzes zu berichten weiss. Vgl. Schweigel § 227 Schluss. Sie weist aber den, der über Croissant ausführlicheres lesen will, hin auf »le liure des Cronicques qui pour luy ont este faictes«. Dem Prosaïsten hat, wie er selbst sagt, ein »roman en rime von Huon de Bordeaux et de ceulx qui de luy descendirent« vorgelegen, welcher bis zu Croissants Hochzeit mit Katherine, der Tochter des Königs Guimar von Rom reichte. Der die Prosaversion abschliessende Satz: »Croissant acreut el amenda la seigneurïe de Romme et conquist plusieurs royaulmes comme Hierusalem et toute Surye«, ist eine summarische Notiz aus der zweimal erwähnten »Cronicque«; ob diese en rime oder en prose war, erfahren wir nicht. — Welche der uns erhaltenen poëtischen Fassungen des Huon von Bordeaux als der dem Prosaïsten vorgelegene »roman en rime« anzusehen oder diesem doch zunächst verwandt ist, bleibt einer späteren Untersuchung vorbehalten.

§ 13. c) **Was lässt sich über das Verhältnis der beiden Handschriften P 1451 und T L. II. 14 sagen?**

P 1451 trägt zum Verständnis von T in bezug auf den tresor wesentlich bei. Es müsste denn sein, dass auch T im eigentlichen Huon-Romane die nötigen Aufklärungen darüber giebt. Sie müssten sich auf fol. 344 r bis 347 v nach der von Guessard Seite XLVI mitgeteilten Inhaltsangabe finden. Abgesehen nämlich von der fleischlichen Abstammung Croissants von Huon bildet eben dieser tresor das wesentliche Bindeglied zwischen beiden.

§ 14. Auf grund der in P 1451 gegebenen Inhaltsangabe müssen wir schliessen, dass das fol. 225 v 1 angekündigte »liure de Croissant« mit der »chanson d'Yde et Oliue«, der notwendigen Einleitung zur »chanson de Croissant« anfing. Anders liegt die Sache bei T. Hier ist die »chanson d'Yde et Oliue« die Hauptsache, 1467 Verse, und das auf Croissant bezügliche ist nur nebenbei bemerkt, 414 Verse einnehmend. In T besitzen wir nur einen Teil der nach P 1451 anzunehmenden chanson de Croissant[1]).

§ 15. Keinesfalls hat der Pariser Handschrift 1451 die Turiner als Quelle gedient; das Umgekehrte war auch nicht der Fall. Sicher lag P eine Quelle vor, die den vollständigen Roman Croissant enthielt und nicht mit der Heirat und Krönung Croissants aufhörte.

Hoffentlich gelingt es mit der Zeit, irgendwo das »liure de Croissant« ausfindig zu machen.

---

1) Prof. Stengels Angabe im »Galien«, Ausg. u. Abh. LXXXIV Seite 397, ergiebt sich demnach als nicht ganz zutreffend. Die »chanson d'Yde et Oliue« in T ist nicht identisch mit der »chanson de Croissant«, wie wir sie nach P 1451 zu denken haben.

III. Teil. § 16.

Die grosse Interpolation „chanson de Huon et Callisse".

Wie schon § 7 b bemerkt, ist diese chanson an die Stelle der Verse 7966—8008 im Druck von Guessard zu setzen. Des leichteren Verständnisses wegen schicke ich einige Angaben voraus: Nachdem Huon und Esclarmonde das Gebot Oberons überschritten hatten, wurden sie auf eine Insel verschlagen. Von fremden Schiffern wurde Esclarmonde als die Tochter des Gaudisse, König von Babylon, erkannt und von Huon getrennt, der auf der Insel allein zurück blieb. Die Schiffer wollten Esclarmonde an Yvorim, König von Monbranc, ihren Oheim, ausliefern, wurden aber nach Aufalerne verschlagen, woselbst der König Gallafre herrschte. Dieser nahm den Schiffern Esclarmonde ab und warb um ihre Hand. Die Schiffer segelten nach Monbranc, um Yvorim alles zu berichten. In die Nähe von Monbranc gelangt, schloss sich Huon an den menestrel Estruman an, der seine Dienste Yvorim anbieten wollte, da sein früherer Herr, der König Gaudisse, von einem Fremden Namens Huon getötet worden sei. Huon änderte seinen Namen und begleitete den alten „jongleour" nach Monbranc, wo sie gut aufgenommen wurden. Bald nach ihrer Ankunft erschienen jene Schiffer und erzählten, was sie von Esclarmonde wussten. In dem Kriege Yvorims gegen Gallafre, der wegen Escl. entstand, kämpfte Huon natürlich in Yvorims Heer. Gallafre jedoch wurde von Gérames und seinen Genossen unterstützt. So kämpften die beiden Freunde Huon und Gérames manchen blutigen Kampf, ohne sich zu erkennen. In Aufalerne tröstete Gérames, so gut er konnte, die trauernde Esclarmonde. Nachdem bei einem Ausfall aus Aufalerne Sorbrim, ein Vetter des Gallafre, von Huon getötet worden war, wurde beschlossen, furchtbare Rache an Yvorim und seinem Heere zu nehmen.

Hier lassen wir die Interpolation beginnen: § 17.

Dicht vor Aufalerne schlug Yvorim sein Lager auf. Bei dessen Anblick hielt Gallafre Kriegsrat. Einer Namens Sinagom riet nächtlichen Ueberfall, der auch sofort nach Mitternacht ausgeführt wurde. Ausser Huon, der sofort alarmierte, schliefen noch alle Leute Yvorims; grosses Morden. Huon wurde von Gérames zu Pferd, dann zu Fuss hart bedrängt. Um zu Atem zu kommen, floh Huon und zog sich gegen Abend ganz vom Kampfe zurück.

In der folgenden Nacht wurde der Kampf von Gallafre erneuert. Yvorim selbst musste fliehen. Huon flüchtete mit 30 Sarazenen, Leuten Yvorims, auf ein Schiff und entkam betrübten Herzens, da er sich wieder weiter von Esclarmonde entfernen musste.

Auf offener See brach Sturm los. Huon wurde in das „mer d'Illande" verschlagen und vom König „Gorhans" gefangen genommen, welcher im Begriff war, dem König Gallafre zu Hülfe zu kommen. Nachdem er von Huon erfahren, dass Yvorim von Gallafre bereits besiegt sei, kehrte er mit den Gefangenen zurück in seine Residenz Terrascone, die Hauptstadt von Illandre. Freudig wurde Gorhans von seiner Gemahlin und von seiner schönen Tochter Callisse empfangen.

In Gegenwart der Callisse erzählte Huon in Kürze seine Lebensgeschichte. Dabei wurde Callisse von innigster Liebe zu Huon ergriffen, um so mehr, als sie bereits vieles über ihn erfahren hatte. Zehn Ritter aus Bordeaux befanden sich nämlich als Gefangene im Kerker des Schlosses. Um diesen ihr Los zu erleichtern, pflegte Callisse sie heimlich zu besuchen und ihnen bessere Nahrung zu verschaffen. Von ihnen war sie auch im christlichen Glauben unterrichtet worden und betete zu Jesus, wiewohl sie nicht getauft war. Ausserdem hatten die Ritter aus Bordeaux ihr so viel von Huon, den sie auf Befehl von Huons Mutter in der Ferne suchen sollten, erzählt, dass Callisse ihn bereits in ihr Herz geschlossen hatte.

§ 18.   Um nun Huon zu retten, dessen Leben von Gorhans bedroht war, nahm Callisse zur List ihre Zuflucht. Sie liess durch einen „conseiller" ihren Vater bestimmen, Huon nicht zu töten, sondern ihn als Kämpfer im bevorstehenden Kriege gegen den König von „Cornuaille" zu benutzen. Vgl. Guessard 5801. Der Rat gefiel Gorhans.

Huon wurde in denselben Kerker geworfen, in welchem sich die zehn Ritter aus Bordeaux befanden. Seltsames Wiedersehen. Gaultier, einer der Gefangenen, erzählte ihm den Grund ihrer Abreise aus Bordeaux. Huon teilte den anderen mit, was er erlebt, seitdem er von der Heimat weg war. Er schilderte die Schönheit der Esclarmonde und behauptete, er habe nie ein schöneres Mädchen gesehen, ausgenommen die Tochter des Königs Gorhans:

> Celle (Esclarmonde) qui est tant belle, point de pareille n'a
> Fors seul une pucelle c'or ains me regarda
> C'est la fille du roy c'ainsy atrappé m'a. —

Während Huon das nähere über Callisse erfuhr, trat sie selbst, vom Wächter Priant begleitet, ein, lediglich um Huon sprechen zu können. Vgl. Guessard 5840. Im Lauf der Unterhaltung versprach Callisse, Huon und seine Ritter retten zu wollen, wenn er gelobe, sie mit nach Frankreich zu nehmen, taufen zu lassen und heiraten zu wollen. Huon gedachte der schönen Esclarmonde; um aber seine Gefährten zu retten, versprach er, ihre Bedingungen erfüllen zu wollen. Huon lebte versteckt in Callissens Zimmer. Seine Ritter wurden dagegen von Gorhans in einer Nacht alle getötet. In Sorge um Huons Leben bereitete Callisse die Flucht vor.

§ 19.   Früh morgens an einem Sonntag flohen beide aus der Stadt. Eine „camberiere" hatte die Flüchtigen jedoch bemerkt und Lärm geschlagen. Gorhans machte sich sofort an deren Verfolgung. Als die Not am grössten war, rettete Oberon die Verfolgten dadurch, dass er ihnen ein stark befestigtes Schloss hervorzauberte, in welchem sie sichere Unterkunft fanden. An einer reich gedeckten Tafel sass Oberon; von neuem verzieh er Huon, der zu seinen Füssen kniete und überreichte ihm „haubert, cor und hanap".

Gorhans und seine Leute verwunderten sich über das feste Schloss, das sie doch früher nicht bemerkt hatten, setzten aber die Verfolgung ununterbrochen fort, ohne Resultat natürlich.

Nachdem Oberon mit seinen Gästen getafelt hatte, sagte er: „Hüte dich, Huon, mit dieser Jungfrau, die du mit dir führst, Gemeinschaft zu pflegen! Dieses Gebot wirst du hoffentlich besser beachten als jenes, das du auf offener See übertreten hast. Bleibe treu der schönen Esclarmonde, die auf dich wartend, jeden anderen Bewerber abweist!" Huon versprach, diesmal Oberons Gebot zu halten. Er wolle Callisse mit nach Frankreich nehmen, sie dort taufen lassen und einem edlen Fürsten vermählen. Nach diesem Versprechen warf sich Callisse, ausser sich vor Schmerz über Huons Treubruch, auf die Erde und bat, Huon möge sie doch zur Frau nehmen, wie er es im Kerker versprochen habe. Huon suchte sie zu beruhigen. Zwei Monate weilten sie mit Oberon im Schlosse. Als sie sich trennten, gelobte Huon nochmals, das Gebot Oberons zu halten. Das Schloss verschwand.

Da Huon auf dem Marsche allen Versuchungen widerstand, verwandelte sich Callissens Liebe in Hass; sie fasste einen teuflischen Plan, um Huons Liebe zu erzwingen. Gegen Abend führte sie ihn in das Schloss ihres Oheims „Escorfault", dem sie erzählte, dass ihr Vater mit dem König von Cornuaille Krieg führe. Deshalb sei sie weggeschickt worden, um bei Escorfault eine Zeit lang zu bleiben. Unterwegs seien Mörder über sie hergefallen. Ihr Begleiter habe sie jedoch gerettet. Kein Wunder, dass Huon bei Tisch gut bedient wurde!

Ehe Callisse ihren schlimmen Plan zur Ausführung brachte, versuchte sie nochmals in Güte, ihren Zweck zu erreichen, doch vergeblich. Jetzt war ihre Leidenschaft entfesselt. § 20.

Wütend eilte sie zu Escorfault und teilte ihm mit, dass Huon ihr die Ehe versprochen, seit gestern aber seine Absicht geändert habe. Um seinetwillen habe sie ihr Vaterhaus verlassen und bitte nun ihren Oheim, dass der Ritter ihrem Vater ausgeliefert werde, damit er die gerechte Strafe über den Räuber seiner Tochter verhängen könne.

In der Nacht wurde Huon gefangen und in eine „tour carrée" gesperrt; seinen haubert, cor und hanap musste er zurücklassen. Er klagte über sein trauriges Los.

Kaum jedoch war Huon in das Gefängnis geworfen, so bereute Callisse ihre That und eilte in den Turm, um mit Huon durch ein kleines Fenster der Kerkerthür zu sprechen. Sie versprach Rettung aus der Gefangenschaft unter der einen bekannten Bedingung. Huon willigte ein und übertrat in dieser Nacht zum zweitenmal Oberons strenges Gebot.

Huon tötete den Wächter, um sicherer fliehen zu können. Callisse, als Ritter verkleidet, stahl ihres Oheims Rüstung und Waffen und entfloh mit Huon. Als die Frau des Wächters, ungeduldig über ihres Mannes langes Säumen, am Morgen in den Turm ging, nachzusehen, fand sie die Leiche und den Kerker leer. Escorfault erfuhr jetzt die Flucht und machte sich daran, die Flüchtigen zu verfolgen.

Als diese in einen Wald reiten wollten, trat ihnen ein schwarzer Ritter in den Weg, gekleidet wie ein Mönch, und kündigte Huon Oberons Zorn an. Beim ersten Angriff wurde Huon aus dem Sattel gehoben und sein Pferd vom Feinde entführt. § 21.

Nunmehr konnte die Flucht nur langsam von statten gehen. Schon sind drei Ritter, Escorfault und zwei seiner Mannen, auf ihren Fersen. Während Huon mit Escorfault und dem einen Ritter kämpfte, ergriff der andere Callisse und brachte sie zurück in das Schloss ihres Oheims. Endlich tötete Huon den König Escorfault. Der Ritter ergab sich freiwillig und schwur, Huon ewig treu bleiben zu wollen, selbst in grösster Gefahr. „Wohl," erwiderte Huon, „du magst leben, aber zuvor musst du geloben, Christ werden zu wollen und an Gott zu glauben." Doch der „paien" antwortete: „So will ich lieber sterben, als meiner Väter Glauben ablegen." Huon begnügte sich schliesslich mit dem Treuschwur des Heiden Ampatris, welcher den Eid dadurch bekräftigte, dass er mit dem Finger dreimal an seine Zähne schlug. Um Ampatris' Treue sofort zu prüfen, trug Huon ihm auf, dafür zu sorgen, dass Callisse wieder befreit würde. Ampatris Rat ging dahin, man solle sofort in das von Rittern entblösste Schloss des erschlagenen Escorfault zurückkehren, woselbst

Callisse schon untergebracht worden sei. Huon folgte diesem Rat und fand seine Dame im grossen gepflasterten Saale. Die Zugbrücke wurde von Ampatris aufgezogen, so dass die heimkehrenden Mannen des Escorfault nicht eintreten konnten. Ein Mordversuch zweier Sarazenen wurde von Huon und Ampatris, die sich der Angreifer tapfer erwehrten, vereitelt. Alle Männer, die im Schlosse noch aufgefunden wurden, mussten von Huon und Ampatris den Todesstreich erleiden. Ungefähr 15 Damen wurden in einem Turme eingesperrt. Durch Zufall fand Huon im Schlosse seinen „haubert", „cor" und „hanap", welcher ihm allein Wein in Menge spendete; die Heiden Ampatris und Callisse vermochten aber nicht, daraus zu trinken. Nun begann die Belagerung des Schlosses durch die ausgesperrten Ritter. Huon wollte Oberon zu Hülfe rufen und stiess in sein Horn, aber vergebens, denn der Feenkönig zürnte dem Huon, da er ja von neuem das Gebot übertreten hatte. Huon brach in Klagen aus und beschuldigte Callisse der Verführung.

§ 22. Die Belagerer, durch den Anblick der Leiche ihres Königs Escorfault in neue Wut gegen den fremden Ritter versetzt, baten den benachbarten König Gorhans, Vater der Callisse, um Hülfe. Mit 20 000 Sarazenen eilte er herbei und schloss Huon von allen Seiten ein. Die heldenhafte Verteidigung der Belagerten, wobei die Damen selbst helfen mussten, vermochte einige Zeit Widerstand zu leisten.

Eines Abends machte Gorhans einen gewaltigen Angriff. Schon hatten seine Leute auf Leitern die Mauern erklommen. In dieser höchsten Not blies Huon abermals in sein Horn, infolge dessen die Sarazenen tanzen mussten, aber, da sie keinen Raum auf den Leitern und der schmalen Mauer hatten, um tanzen zu können, fielen sie zu Hauf in den mit Wasser angefüllten Wallgraben und ertranken. Gorhans sah ein, dass er nur durch Aushungern die Feste erobern könne. Für die Belagerten begann nun die schrecklichste Zeit; Huon allein konnte sich durch Wein aus dem hanap stärken!

Als Huon das namenlose Elend seiner Umgebung nicht mehr mit ansehen konnte, liess er dem König Gorhans melden, dass er die Feste übergeben wolle unter der Bedingung, dass das Leben der Callisse, des Ampatris und der anderen Damen geschont werde. Gorhans willigte ein. Als Huon diesen Vertrag Callisse und Ampatris mitteilte, schloss er mit den Worten: »Jésus mourut pour moi, et pour vous je mourrai«. Doch die beiden Heiden erklärten, sie würden mit ihm sterben und sich von diesem Plane durch nichts abwendig machen lassen. Huon war somit genötigt, dem König Gorhans mitzuteilen, dass er nun doch nicht die Feste übergeben könne, da Callisse und Ampatris dagegen seien.

§ 23. Der Hunger nahm zu. Abgezehrte Gestalten wankten im Schlosse herum. Callisse starb vor Hunger und wurde von Huon nahe an einem alten Turme unter Klagen und Trauer bestattet. Ampatris, dem Tode nahe, bat, Huon möge doch sein Horn blasen, damit die Qual des Hungers, wenn auch nur für kurze Zeit, gemildert werde. Huon hatte selbst so viel Kraft eingebüsst, dass er sich beim Blasen derart anstrengen musste, dass ihm das Blut aus dem Munde floss. Ampatris vergass seinen Schmerz und tanzte beim Klange des Horns. Diesmal aber erbarmte sich auch Oberon des hart bedrängten Huon, als er dessen Horn ertönen hörte. Auf Oberons Befehl begab sich König Glorian mit 40 000 Kriegern vor die Feste. Huon sah hocherfreut von den Zinnen derselben, wie die Sarazenen und ihr König Gorhans unter den Streichen der Krieger Oberons fielen. Ampatris hatte ein solches Wunder noch nie gesehen.

Nach der Sarazenen Niedermetzelung öffnete Huon das grosse Thor des Schlosses und warf sich dem einziehenden Oberon zu Füssen. Der König des Feenreichs verzieh noch einmal dem bussfertigen Huon und befahl ihm, sofort nach Monbranc zu König Yvorim zu eilen, wo er weiteres von Esclarmonde hören werde. Doch werde Huon noch viele Leiden zu ertragen haben, bis er sie endlich besitzen könne. Darauf kehrte Oberon in das Feenreich zurück.

Ampatris war durch all diese Wunder überzeugt worden, dass der Gott der Christen mächtiger sei als alle anderen Götter und versprach, er wolle sich in Frankreich taufen lassen.

Huon nahm cor und hanap (haubert ist nicht erwähnt) um sich mit Ampatris auf den Weg nach Monbranc zu machen. Auf einem Schiff des Königs von Illande, also des Gorhans, Vaters der Callisse, setzten sie ihre Reise fort.

Streng genommen endet hier in der 248. Tirade fol. 122r5 § 24. die grosse Interpolation, denn fol. 122r6 ff. werden wir auf den Stand der Erzählung von fol. 93v14 zurückgebracht durch eine kurze Recapitulation:

Yvorim war im nächtlichen Überfall von Gallafre vollständig besiegt und nach seiner Feste Monbranc zurückgekehrt, während Huon mit 30 Heiden zu Schiff entfloh und in die Hände des Königs Gorhans von Illande fiel.

Von fol. 122r6 — 127r16 wird dann aber eine weitere § 25. Episode eingeschaltet, die sich in keiner der andern Handschriften, so weit wir sie kennen, findet.

Yvorim war mit einem neuen Heere vor Aufalerne gezogen, um Gallafre zu belagern. Während der Belagerung kam ein Bote aus Babylon zu ihm und meldete, dass der »Soudain de Perse« den vom Mörder des Gaudisse (Huon) eingesetzten König von Babylon »Garin« gefangen genommen habe. Yvorim solle schnell nach Babel eilen und es in Besitz nehmen, da er ja doch als Bruder des ermordeten Gaudisse das grösste Recht dazu habe. Falls Yvorim nicht bald komme, werde der Soudain später Babel nicht mehr herausgeben, sondern es selbst behalten.

Yvorim folgte mit wenig Getreuen der Aufforderung und überliess die Fortsetzung der Belagerung von Aufalerne seinen Edlen. Bei der Ankunft in Babel wurden grosse Feste gefeiert.

Während dessen war Huon mit dem Schiff von Illande vom Sturme verschlagen worden und landete zufällig gerade in Babylon, wo er sofort seinen Vetter »Garin« aufsuchen wollte. Huon und Ampatris ritten in Babylon ein. Huon war höchst erstaunt, statt des »Garin« die beiden Heiden Yvorim und den Soudain de Perse im Schlosse anzutreffen. Yvorim erkannte in Huon seinen treuen Ritter, der ihm vor Aufalerne so gute Dienste gethan hatte und war erfreut, dessen Rettung und Abenteuer zu erfahren. Nicht gering aber war sein Erstaunen, als er von anderen Sarazenen erfuhr, dass dieser selbe Ritter auch derjenige sei, welcher den König Gaudisse einst getötet habe. Als Huon dies bestätigte, befahl Yvorim, man solle ihn gefangen nehmen. In dem gewaltigen Kampf, der nun gegen Huon und Ampatris losbrach, blies ersterer in sein Horn, worauf alle das Kämpfen vergassen und tanzten. Als Oberon im Saale erschien, ergab sich Yvorim und empfing von Huon einen Kuss, zum Zeichen, dass Oberon ihn nicht töten solle. Der Soudain de Perse fiel im Getümmel. Endlich befreite Huon seinen Vetter Garin aus dem Gefängnis. Oberon kehrte zurück in sein Reich, nachdem er nochmals Huon ermahnt hatte, rechtschaffen zu leben. Garin erklärte, er wolle nicht mehr länger inmitten der Heiden König von Babylon bleiben. Erst nachdem Huon versprochen, wieder hierher zurückkommen zu wollen, wenn er den Auftrag Karls ganz ausgeführt hätte, willigte Garin darein, König von Babel zu bleiben.

Noch werden die Gefahren angedeutet, die Huon auf der später ausgeführten Reise nach Babylon zu bestehen hatte.

§ 26. fol. 126 v 13 bis 127 r 16 bilden den Übergang zur Geschichte der Belagerung von Aufalerne, die durch die Interpolation unterbrochen worden ist:

Huon kehrt mit Yvorin nach Aufalerne zurük. Ehe die Erzählung weiter geht, wird aber eine kurze Inhaltsangabe des noch folgenden vorausgeschickt: Huons Kampf gegen Gérames; ihr gegenseitiges Erkennen; Gérards Verrat an seinem Bruder Huon in Bordeaux. Oberons Hülfe und Befreiung Huons.

Der weitere Verlauf des Gedichts stimmt der Hauptsache nach mit dem Drucke von Guessard überein, wenn auch im Einzelnen P 1451 manche Erweiterungen bringt, die dort fehlen. Auf diese einzugehen muss aber derjenigen Untersuchung vorbehalten bleiben, die den eigentlichen Roman Huon de Bordeaux zum Vorwurf hat.

§ 27. In der chanson de Huon et Callisse erkennen wir auf den ersten Blick eine Variation des bekannten Themas »Huon und Esclarmonde«. Während hier Huon der schuldige Teil ist und aus freien Stücken Oberons Gebot übertritt, muss er auch die Leiden, die über ihn verhängt werden, auskosten, bis ihn endlich Oberon wieder gnädig gestimmt ist. Dort aber in der Interpolation trägt Callisse die Schuld an Huons Abfall von Oberon; mit ihrem opferfreudigen, heldenmütigen Tode sühnt sie ihr Vergehen. Dann erst eilt Oberon herbei, um Huon aus Feindeshand zu erretten. — Sehr geschickt ist diese Interpolation in den eigentlichen Huon-Roman eingeflochten.

§ 28.

IV. Teil.

Untersuchung über die chanson „Huon, roi de féerie".

In § 8 habe ich bereits gezeigt, weshalb ich diese chanson als selbständiges Ganze von der chanson d'Esclarmonde absondere. Die auf den letzten 6 Blättern (fol. 248 r — 253 v) von P 22555 stehende »chanson de Huon, roi de féerie« bildet die einzige Fortsetzung des Huon-Romanes, welche in dieser Hs. sich findet. Ihr voran steht von fol. 184r bis fol. 217v »le liure de Huelin de Bourdialx et du roy Auberon«. Auf fol. 1r bis fol. 183v findet sich »la chanson de Lyon de Bourges« (vgl. Guessard XL—XLIII), über welche demnächst von Schülern des Herrn Prof. Stengel eingehender gehandelt werden wird.

Zur Orientierung in diesem viel zerteilten Stoffe schicke ich § 29. eine kurze Fixierung desselben voraus:

Die chanson »Huon, roi de féerie«, welche in P 22555 steht, zerfällt inhaltlich in drei Teile, die ich folgendermassen benenne:

1. Couronnement de Huon dans la féerie; fol. 248r a1 — 250r b24.

2. Combat de Huon contre les géants à Dunostre; fol. 250r b25 — 252v b39.

3. Combat de Huon de Bordeaux contre »Huon le desuey«, frère de Guibuart de Vymey; fol. 252v b40 — 253r b29. Leider sind wir nicht im Stande über diesen 3. Teil vollständige Angaben machen zu können, da die letzte Seite des Manuscripts, auf welcher dieser Kampf gerade steht, teilweise ausgerissen ist.

Den 1. Teil dieser chanson finden wir auch in P 1451 und in T L. II. 14 und zwar: P 1451 fol. 202r7 — 206r35 = T Ed. Schweigel Vers 2541—3151.

Den 2. Teil in P 1451 fol. 67r16 — 68v33 = T Ed. Schw. Vers 8068—8318.

Der 3. Teil ist P 22555 eigentümlich.

Statt dieses 3. Teiles berichten P 1451 und T von Kämpfen Huons gegen Artus. P 1451 fol. 206r3-10, 206v1-14 = T Ed. Schweigel Vers 2911—62, 3008—75, 3152—60, 3458—81, 6143—68.

Wir nehmen den 2. Teil »Combat de Huon de § 30. Bordeaux contre les géants à Dunostre« zuerst vor.

Quellen: a) P 1451 fol. 67r16 — 68v33; b) T, Ed. Schw., 8068—8318; c) P 22555 fol. 250r b25 — 252v b39.

a) Analyse von P 1451 fol. 67r16 — 68v33.

Nachdem Huon die Herrschaft über das dem Gaudisse, Vater der Esclarmonde entrissene Babylon seinem eigenen Vetter Garin überlassen hatte, erweiterte letzterer die Grenzen seines neuen Reiches. Ueber den Tod Agrapparts, der vor Babylon von Huon im Zweikampf erschlagen worden war, (Guessard 6549) aufgebracht, hielten die 12 Brüder jenes Riesen auf dem »mont obscur« Beratung. Als diese 12 »gaiant« versammelt waren, trat in ihre Mitte ein »sarracin« und berichtete, Gaudisse sei nun auch noch nach Agrappart von demselben

Ritter, welcher Orguelleux und letzteren getötet habe, erschlagen worden. Der »crestien de France« habe ein »cor« geblasen, unzählige Krieger seien erschienen und hätten jeden, der nicht an Jesus glauben wollte, sofort getötet. Gaudisse sei das Haupt abgeschlagen, der Bart abgenommen und vier Backenzähne entwendet worden. Bart und Zähne wolle der chevalier dem König »Charles de France« überbringen; auch entführe er Esclarmonde, die Tochter von Gaudisse, nach Frankreich, wo sie Mahomet verleugnen und Jesus anbeten wolle. »Wollt ihr euch rächen, so mahnt der Sarazene, »so besteigt eilig Schiffe und fahret dem chevalier entgegen, der zum »chastel Orguelleux« sich begeben will.« Sofort bestiegen die 12 Riesen, verstärkt durch »Turcqs fors et poissans« ihre Schiffe. Unterdes hatte Huon mit Esclarmonde, Gérames und 12 »escuiers« in Babylon ein prachtvolles Schiff bestiegen. Am vierten Tage der Fahrt begegneten sie den Schiffen der Riesen. Nachdem Huon von der Grösse der Gefahr überzeugt und von einem Sarazenen zum Zweikampf gefordert war, blies er in der grössten Not in sein Horn. Malabron, »a guise de poisson« eilte herbei und stürzte der Sarazenen Schiffe um, so dass die Riesen (gaians) und »Turcqs« ertrinken mussten. Nachdem Huon noch seinem Retter, den er erkannte, gedankt hatte, entfernte sich Malabron sofort wieder.

§ 31.   Bemerkungen zu dieser Fassung:

Wir sehen aus dieser Analyse deutlich, dass der Verfasser von P 1451 die »gaians«, von denen so oft vorher die Rede war, an der ersten passenden Gelegenheit endgiltig hat abfertigen wollen. Ihm war offenbar unbekannt, dass dieser Kampf Huons gegen die gaians von anderen Verfassern in Verbindung mit der Fortsetzung des eigentlichen Huon-Romans »Huon roi de féerie« gesetzt worden war, sonst hätte er ihn doch wohl mit dieser Fortsetzung, die er ja auch später übermittelt, in Verbindung gebracht. Es ist aber von ihm der Kampf Huons gegen die gaians im eigentlichen Huon-Romane zum Austrag gekommen und zwar so kurz und einfach wie möglich. Ganz anders in den beiden anderen Fassungen.

§ 32.   b) Analyse von T, Ed. Schw., 8068—8318.

Tir. 242: Huon weilte mit Esclarmonde und den Baronen in Dunostre, das er dem »Orgelleus« entrissen hatte. Dieser hatte 13 Brüder, der kleinste war 15 Fuss lang. Auf Anstiften und unter Führung ihrer Mutter »Murgale« zogen die 13 mit noch 60000 Mannen gegen Dunostre.
Tir. 243: Die Feinde lagerten sich vor Dunostre. Am darauffolgenden Morgen riet Murgale zum Angriff. Esclarmonde sah sie herankommen und Huon sprach ihr Mut zu.
Tir. 244: Mornimaus, der älteste Riese, gab den Rat, Huon solle zum Kampf gefordert werden, wenn er Dunostre nicht ausliefern und Mahomet nicht anbeten wolle. Willige er aber darein, so solle Friede sein. Clautrans, einer der Brüder, machte sich auf, den Vorschlag Huon zu unterbreiten. Die an den beiden Seiten des Thors von Dunostre aufgestellten »gaians de pur keuure forgiés« (vgl. Guess. 4562—70; 4720) jagten ihm grossen Schrecken ein.; doch einen zerschmetterte er und trat in das Schloss ein. Als er sein Anliegen vorgebracht hatte,

wurde er von Huon hart zurückgewiesen. Wütend entfernte sich Clautrans, warf zwei Thorhüter in den Graben, die zwei Thorflügel in das Meer und den noch übrigen »gaiant de keuure« zerschmetterte er auch. Bei den Seinigen angekommen, riet er zu raschem Angriff. Malabrun spannte auf Huons Befehl zwei goldne »fiex« quer vor das Thor. Diese erwiesen sich aber als wirkungslos bei der Wucht der Angreifer. Da liess Huon plötzlich die Brücke zusammenbrechen, so dass alle, die darauf waren, im Meere ertranken. Die noch übrigen gaians und ihr Gefolge wurden von Gloriant und Malabrun völlig niedergeworfen.

Huon wünschte danach eine neue prächtige Brücke, zwei neue gnians de keuure und zwei feine silberne Thorflügel. Freudiges Siegesmahl. Am folgenden Tage wurde Dunostre Malabrun übergeben, Gloriant erhielt Monmur. Huon dagegen begab sich mit Esclarmondo, qui plains a les costez und seinen Baronen nach Bordeaux.

c) Analyse von P 22555 fol. 250 r b25 — 252 v b39.   § 33.

Huon weilte in Monmur als König. Er versprach Malabrun, er wolle ihm aus Dankbarkeit für die vielen treuen Dienste, welche er ihm geleistet habe, von den 60 Jahren, die er noch auf Oberons Befehl als »luton en mer« zubringen müsse, 59 erlassen. In dem noch folgenden Jahre hat, wie wir sehen werden, Malabrun eine hervorragende Rolle gespielt.

Huon wollte Esclarmonde in Dunostre krönen und dabei der ganzen féerie ein grosses Fest geben. Doch vor dessen Beendigung nahte Unheil. Als nämlich die joians (! nie jaians oder gaians, vgl. Guessard 6443, ob hier nicht auch besser joians stuende?) erfuhren, dass Huon in Dunostre, dem alten Schlosse ihres von Huon erschlagenen Bruders Orguelleux (-illous), weile, beschlossen sie, auf Drängen ihrer »malle mere«, Dunostre wieder zu erobern und sich auch noch dafür zu rächen, dass Huon einst dem Agrappart, einem ihrer Brüder, das rechte Ohr abgehauen hatte (Guess. 6549). Es werden aufgezählt folgende joians: »Agrappart, Pudigans li derués, Richenair li osés, Noixous (und -aus), Brulaus, Bronirs, Escouffez, Roboan, Mauffrians li desués und Quiquenars. Nach ausführlicher Beschreibung der abscheulichen Riesenmutter wird die Landung der Angreifer vor Dunostre berichtet. Agrappart will sich selbst in das Schloss begeben, um mit Huon zu verhandeln; Rechignair (= Richenair?) aber bietet sich dazu an. Schliesslich wird Bronirs als Bote ausersehen. Er macht sich, stark gewappnet und mit einem Hammer (maillot de feir groz et quarés) versehen, auf den Weg, nachdem Agrappart ihm zuvor mitgeteilt, was er Huon ankündigen solle: Huon soll Dunostre dem Agrappart als dem erbberechtigten Bruder des Orguillous freiwillig ausliefern. Ferner soll Huon zur Sühne für das dem Agrappart abgeschlagene rechte Ohr Esclarmonde zur Schändung ausliefern.

Willige Huon nicht in diese zwei Bedingungen, so solle er zum Kampfe gefordert werden.

Bronis kommt am Thore an. Grosses Hindernis! »li homme y baitent qui y sont tresgitei« (vgl. Guessard 4562 und 4780). Doch gelingt es ihm, durch den »angin« zu kommen; er stürmt so polternd in den Saal, in welchem Huon gerade bei Tafel sitzt, dass sich der Wein auf den Tisch ergiesst. Kaum hat er seinen Auftrag ausgerichtet, als Huon und die Edlen wutentbrannt auf Brouart (!) einstürmen, der sich zur Flucht wendet und durch den »angin« eilen will, aber von dem einen »baitere«

erschlagen wird. Seine Leiche wird mit einem »mangoney«, einer Maschine zum Steinschleudern, aus Dunostre in der joians Lager geschleudert, wobei sie niederfallend noch Richenart verwundet. Grosses Entsetzen!

§ 34. La joiande, die Riesenmutter, »la mere est noire plux que poivre n'aremët« [vgl. Guess. 6521 f.] fordert laut heulend zum Sturme auf. Huon ist erschreckt über die zu Schiff herannahenden joians, deren 18 Fuss lange »mere« ihm Grauen einflösst. Malabrun verspricht, deren Angriff ganz allein zurückschlagen zu wollen. Zuvor stellt er den von Broairs beschädigten baitere am guichet wieder her. Darauf begiebt er sich vor die Festung unter die joians, stösst Agrappart zu Boden, dass er einen Arm bricht, stürzt sich in das Meer und richtet grosse Verheerung an Schiffen und Menschenleben an.

Als Malabrun wieder nach Dunostre zurückgekehrt war, dankt ihm Huon. Mit Tagesgrauen unternehmen die joians mit ihrer Mutter einen gewaltigen Sturm auf den Turm, gegen welchen die Letzere besonders gewaltige Steine schleudert. Huon, zwar in Sorge, vertraut aber Malabrun's Hülfe, auf dessen Rat der Turm fest verschlossen wird. Huon wünscht um Dunostre herum einen 200 Fuss breiten und ebenso tiefen Graben, in den sich das Meer ergiessen soll; über denselben soll eine eiserne Brücke führen, die sich auf Huons Wunsch wie eine Windmühle soll drehen können.

Tantost y fuit comme jllot deuiséi —

Die joians können die Brücke nicht betreten, da sie dieselbe nicht zum Stillstand bringen können. Schneller als ein Vogel fliegt, durchschwimmt die Riesenmutter den Graben und bricht mit ihren Nägeln Mauersteine des Turmes heraus. Esclarmonde erblickt die Gefahr und ruft Huon, der dem Mallabron[1]) den Befehl ertheilt: de ceste diable pour dieu nous delivrez! Mall. begiebt sich in den Wallgraben, schwimmt hinter die Riesenmutter, packt sie an einem Bein und zieht sie unter das Wasser, wo nach heftigem Ringen la vielle ertrinken muss. Um die joians zu ärgern, stösst Mall. die Leiche nahe an das Ufer; mit Haken wird sie von den Söhnen ans Trockene gezogen.

§ 35. Wütend und Rache schnaubend wird die Brücke angegriffen, 6 joians halten sie fest mit ihren »cros«, 6 andere betreten sie. Auf Huons Wunsch aber dreht sich die Brücke doch, und die 6 joians fallen herunter in den Graben und ertrinken. Die anderen 6 joians fordern brüllend Huon zum Zweikampf heraus, »cors a cors«. Huon ist gewillt, die Forderung anzunehmen, aber Mallabron will sein Werk vollenden. In Gestalt eines edlen Rosses begiebt er sich auf die Wiese vor Dunostre und wird von den joians verfolgt, die das edle Tier fangen möchten. Noixous schwingt sich kühn auf dessen Rücken, wird aber in das Meer getragen, wo er ertrinken muss. Auf die Wiese zurückgekehrt, werden die übrigen joians vom Ross mit dem Hinterhuf erschlagen, zuerst Agrappart. So war der Angriff der joians und ihrer malle mere siegreich abgeschlagen, vornehmlich durch Mallabron. Grosse Freude in Dunostre. Mall. wird von Huon zum chamberlans gemacht und erhält Judie, Huons Tochter, zur Gattin. Ferner wird Mullabron vollständig befreit von der Busse, die er noch dieses letzte Jahr als »luton en mer« zu leisten gehabt hätte.

»la penitence que debuez faire vng ans
Quitéz en estes du cest jour en auant«.

(Vgl. Guess. 7030—41.)

---

1) Mallabron = Malabrun.

d) **Resultat der Vergleichung von T und P 22555.** § 36.

1. T und P 22555 behandeln denselben Kampf Huons gegen die »gaians«.

2. In T haben letztere nur noch wenig »Riesenhaftes« bewahrt. Der Verfasser scheint zwar die unglaublichen, fabelhaften Nebenumstände des Kampfes und der beteiligten Personen zu kennen, will aber nicht mit einstimmen in deren breite Ausmalung.

3. Viele in T nur angedeutete Angaben erhalten demgemäss durch P 22555 die nötige Ausführung. So wird in T anfangs zwar viel von der Mutter der gaians geredet, aber auf einmal hören wir gar nichts mehr von ihr. Die ihr gegebenen Epitheta »la vielle miautriz« V. 8078, »le gaiande« 8111, »la vielle hirecie« 8122, »la vielle mautaillie« 8134, »la vielle as crins merlés« 8226 deuten manches an, was wir genau in P lesen können, z. B. fol. 250 v b6-16 ff. Von ihrer Kraft und ihrer Nahrung hören wir Wunderdinge: fol. 250 v b28-40.

4. Mallabrun ist nach unserer Stelle der Turiner Hs. nicht § 37. mehr der mutige »luton en mer«, wie wir ihn aus dem Huon-Romane kennen, sondern ein etwas verzagter, ängstlicher Burgherr; dagegen giebt die Pariser Hs. den alten, bekannten »luton en mer« in allen seinen charakteristischen Eigenschaften wieder.

5. Auch Huon ist in T kaum wiederzuerkennen. Welche Rolle muss er spielen bei der Kampfankündigung des Clautrans und dessen Verheerungen am Schlossthor! Er lässt alles gehen, wie es mag. Wie anders P!

6. Nicht unbeachtet darf die Verschiedenheit der Bedingungen bleiben, welche Huon von seiten der gaians gestellt werden:

Nach T soll Huon 1) Dunostre ausliefern, 2) Mahomet anbeten;

Nach P soll Huon 1) Dunostre ausliefern, 2) Esclarmonde den gaians zur Schändung überlassen, dann soll sie in das Meer geworfen werden.

fol. 251 b 31-36 Dame Esclarmonde vous li (Mornimaut) envoierez,
O lie geyrait et ferait tout ces grey.
.xiii. somme d'une mere anjanrei,
Tuit y gierons a nostre vollauteit,
Pues serait [ar]se ou noieie en la meir —

Die unter 2. und 6. angegebenen Verschiedenheiten lassen § 38. uns auf Standesverschiedenheiten der Verfasser dieser Abschnitte schliessen, und zwar halten wir den von P für einen »Nichtcleriker«, der aus dem reichen Born seiner Phantasie zügellos schöpft, jenen von T, wenn nicht für einen Clericer, so doch für einen, der den feineren Kreisen nahesteht und die Grenze

des Möglichen, respective Schicklichen zu wahren sucht. Aus
diesem Grunde lässt er die Riesenmutter ganz in den Hinter-
grund treten.

§ 39. Der Verfasser dieses Teiles von P 22555 steht in engster
Beziehung zum eigentlichen Huon-Romane, wie wir ihn aus
der Hs. von Tours, ed. Guessard und aus der Pariser Hs. 22555
fol. 184—247 kennen gelernt haben.
Die betreffenden Verse von T gehören jüngerer Zeit an
und gehen wohl auf P 22555 zurück. Zwar vermögen wir
keine äussere, wörtliche Uebereinstimmung in beiden Hss. an-
zugeben, aber der Verlauf der ganzen Erzählung ist derselbe,
wobei wir berücksichtigen müssen, dass der Verfasser von T
die allzu unglaublichen und unedlen Nebenumstände in den
Bereich schicklicher und geschichtlicher Möglichkeit zu ziehen
sucht, Aenderungen und Kürzungen dabei vornehmend. § 36,
2. 3; § 37, 6.

§ 40. Nunmehr betrachten wir den 1. Teil der Fortsetzung »Huon,
roy de faerie«, den wir »couronnement de Huon dans
la féerie« benennen. § 29.
Fassungen: P 22555 fol. 248 r a1—250 r b24. P 1451 fol.
202 r 7—206 r 35. T ed. Schw. Vers 2541—3151.
§ 41. Wir fragen:
A. nach dem Verhältnis der beiden Par. Hss. zu einander.
B. nach dem Verhältnis der beiden Pariser Hss. zu der
Turiner Hs.
C. nach der Quelle der in diesem Teile eine besondere
Stellung einnehmenden Hs. P 22555.

§ 42.   A.
Verhältnis von P 22555 fol. 248 r a—250 r b24 zu P 1451
fol. 202 r 7—206 v 14.

α) Analyse aus P 22555; β) Analyse aus P 1451; γ) Re-
sultat.
§ 43.   α) Analyse von P 22555.
1. Tir. Recapitulation von Huons Leben:
Huon aus Frankreich verbannt. Bei »Gaudisse« in Babylon von
Oberon unterstützt. Von seinem Bruder verraten, erhält Huon Bordeaux
durch Oberon wieder. Oberon setzt ihm 3 Jahre fest, nach deren Ablauf
Huon nach Monmur aufbrechen müsse (vgl. Guess. 10432), davon sind
schon 2½ Jahre vergangen.
2. Tir. Der Termin naht heran; Esclarmonde schenkt einer Tochter
»Judic« das Leben. Während eines grossen Festes in Bordeaux zu
Pfingsten teilt Huon seinen Getreuen mit, dass er dem Befehle Oberons,
nach Monmur zu ziehen, folge leisten müsse, da er ja diesem sein ganzes

Glück zu verdanken habe. Während seiner Abwesenheit soll »Geriames«
das Land regieren, vgl. Guess. 10444, und er belehnt denselben mit
einem Prunkhandschuh.

3. Tir. Huldigung der Barone vor Geriames und nochmalige Er-
mahnung zur Treue durch Huon.

4. Tir. Nach Auflösung des Hofes sind Huon und Esclarmonde mit
der Vorbereitung zur Reise beschäftigt; 10 Ritter sollen sie begleiten.
Geriames giebt mit 20 Rittern das Geleite. Ankunft in Rom. Huon
erzählt dem »appostolle«, er wolle »oultre mer repairier«.

5. Tir. Huon beichtet beim »appostolle«. In sein »ostel« zurück-
gekehrt, mahnt er noch Geriames, gerecht zu regieren und will ihn ent-
lassen; doch bittet letzterer, noch weiter mitziehen zu dürfen. — Bis
»Brandis« gestattet Huon dessen Begleitung.

In »Brandis sor la meir« kommen sie an, nachdem sie »Pulle et
Callabre«, Apulien und Calabrien, durchzogen hatten. Einkehr halten
sie im »osteit« der Frau des »Garin de Saint Omer« — vgl. Guess.
2565 ff. Am folgenden Morgen begeben sich alle zum »seruice au moustier«,
dann zum »disner« und schliesslich zum Hafen »vne neif font garnir et
aprester.« 8 Tage sind in Brandis verstrichen. Abschied von Geriames.
Huon, Esclarmonde, Judic und 10 Barone besteigen das Schiff. Nach
14tägiger Fahrt Landung und Weiterreise zum hlg. Grab, wo sie beten
und »s'ouffrande fist Hue li baicheler«, entsprechend P 1451 fol. 19 r 2-4.
Aufbruch zum »rouge mer« (vgl. Guess. 2889 = P 1451 f. 19 r 10). Durch-
zug durch das Gebiet von »famenie« (Guess. 2891 ff. = P 1451 f. 19 r 13).
Durchzug durch das »pays des commans« (Guess. 2896 ff. = P 1451 f. 19 r 14).
Durchzug durch »la terre de foy« (Guess. 2905 ff. = P 1451 f. 19 r 21).
Ankunft in dem »bocaige«, in welchem Huon einst (Guess. 2930 ff. =
P 1451 f. 19 r 25) Geriames getroffen hatte (Guess. 2932 ff.) und später
auch Oberon (Guess. 3216 ff.). Lagerung und Essen im »bocaige Auberon
.... desous vng chesne« (Guess. 3196).

Unterdes ist Oberon in Dunostre und erinnert sich Huons. Er
versammelt seine Barone, vor allem werden genannt Gloriant, Mallabron,
le luton de la meir, Esmerés und Moinnet li senés. Oberon teilt ihnen
mit, dass Huon in dem bocaige sich befinde und ein wenig auf die Probe
gestellt werden solle. Gloriant soll, ohne ein Wort zu sprechen, nebst
200 Baronen mit blankem Schwert Huon feindlich gegenübertreten. So
geschah es. Der Wald strahlt von der Helligkeit der Waffen. Huon
vermutet, es seien Sarazenen oder Slaven; er und seine 10 Ritter stellen
sich gewappnet und kampfbereit den Drohenden entgegen. Doch Gloriant
eilt ohne Kampf zurück nach Dunostre und meldet alles Oberon, der hoch-
erfreut ist und Huon den edelsten »proudomme« nennt, der es verdiene,
im Feenreiche als König zu herrschen.

Huon und die Seinigen kommen auf ihrer weiteren Wanderung an
eine riviere — Guess. 3283 u. 3754 — ohne Brücke und Furt.

Auf Oberons Befehl naht Mallabron »com salmon abriuez«, setzt
alle über den Fluss, und sagt, sie sollten sich da lagern und auf Oberons
Ankunft warten, vgl. Clarimondes T. Ed. Schw. Vers 2853.

Oberon erscheint auch bald mit 10 000 Rittern, begleitet von
10 000 dames, lauter Feen. Grosse Freude über das Wiedersehen. Oberon
wünscht sich mit allen nach Monmur, wo ein Freudenmahl gehalten
wird, dabei 250 a 17
li boin hanep lour randoit vin assez. —

Oberon lässt nach dem Mahle von Gloriant die Krone holen, welche er (Ob.) Huon aufsetzt und ihn als König der »faierie« krönt. Auch überreicht Oberon dem Huon den »baston« — vgl. Guess. 3759. Somit hat Huon jetzt »autant de digniteit Comme Auberon ot en tout son aiez« — Huon erprobt sofort seine neue digniteit und wünscht die ganze faierie herbei. Feen in Menge und alle Barone erscheinen ; vor versammelter faierie erklärt Oberon,

> 250 b 17 »Je ne vuelz plux au ciecle demourer,
> »Jl me covient en paraidis aller
> »Car nostre sire le m'ait ainsi mandei

Huon wird darauf auf den »faulzdestuet« — vgl. Guess. 3606 — gesetzt, und die Barone huldigen ihm; dann nimmt Oberon Abschied von seinen Baronen und ihrem neuen Könige Huon.

> 250 b 23 Auberon prant congiei a son barnez
> Et a Huon que jllait coronnei —

§ 44. β) Analyse von P 1451 fol. 202 r 7—206 v 15 incl. Huons Kampf gegen Artus.

Huon, wieder in den Besitz von Bordeaux und seiner Gattin Esclarmonde gelangt, erinnert sich, dass es bald Zeit sei, nach Monmur abzureisen. Mit Schmerz erfüllt es ihn, dass dann sein junges Töchterchen »Clarisse« elternlos in Bordeaux sein werde. Deren Pflege wird dem edlen, treuen Seneschall »Bernart« anvertraut, welcher auch das Land stellvertretend beherrschen soll. Huon beruft seine Edlen und belehnt in deren Beisein Bernart mit dem Lande Bordeaux durch den baston und fordert alle auf, das Land und auch vor allen Dingen die 4jährige Clarisse in Treue zu beschützen. Sie schwören Treue und werden von Esclarmonde, »qui depuis devint fée« reich beschenkt. Im April besteigen Huon und Esclarmonde »vne gallée«, fahren ab und, ohne zu wissen, wohin sie den Lauf richten sollen, überlassen sie sich dem Willen Jesu, der sie wohl richtig nach Monmur führen werde. 15 Tage fahren sie auf dem Meere herum. Am 16. Tage erblickt Huon auf einem Felsen ein grosses Schloss mit einem »clocquier«. Landung am Fusse des Felsens. Abschied von den Matrosen, die wieder nach Bordeaux zurückfahren und Bernart nebst Clarisse grüssen sollen.

Huon und Esclarmonde besteigen ihre Rosse und kommen »droit a l'anuittier« am »chastel« an. Sie werden willkommen geheissen von einem grossen, starken Mönch, der ihnen verspricht »bien vous feray aisier«. In einem reichen Zimmer des Schlosses finden sie viele Speisen aufgetragen und ein gutes Bett. Aber in der Nacht war kein Mensch in der Nähe zur Bedienung, worüber Huon sein Erstaunen nicht zurückhält; doch tröstet er seine Gattin mit den Worten:

»Espoir, c'est la coustume de cheste confrarie« —

Früh morgens erheben sich beide vom Lager und begeben sich in die Kirche, die Frühmesse zu hören. Doch in der Kirche ist kein Altar; wohl 100 Mönche kommen, singen und verschwinden plötzlich. Esclarmonde wird es unheimlich. Da erinnert sich Huon, dass Oberon ihm befohlen, eine Stola mit sich zu führen, die er denn auch bei sich hatte. Damit fängt er einen grossen, schrecklichen Mönch, der eben auch entfliehen will, nun aber nicht fort kann. Dieser muss Huon erzählen, was für eine Bewandtnis es mit dem Schloss, Gottesdienst und den Mönchen habe. Der Mönch rät Huon, bald wegzugehen, da er keinen Freund unter den Mönchen dieses Schlosses habe. Sie seien alle nur Geister, die damals, als Gott gegen Lusiabel erzürnt war und ihn aus dem Paradis samt den ihm huldigenden Engeln stiess, auch aus dem Paradis verstossen worden seien an den Ort hier, wo sie bleiben und hoffen, am Tage des Gerichts doch noch unter die Zahl der guten Freunde des Schöpfers aller Welt gerechnet zu werden. Er selbst besitze die besondere Eigenschaft, unermessliche Räume in kürzester Zeit zurück legen zu können. Huon fragt darauf, ob der »esperite« ihn und Esclarmonde wohl nach Monmur bringen könne und erfährt, dass die Mönche oft dahin gingen: »dedens la faerie prenons esbattement.« Huon beschwört den esperite, die Beförderung nach Monmur sogleich auszuführen. So nimmt denn auch der gefangene Mönch beide in seine Arme und durcheilt die Luft; »les mist droit a la porte de Momur droittement«. Vor Huon und Esclarmonde verwandelt sich der Mönch in einen Vogel und fliegt fort. Die nicht wenig erschreckte Esclarmonde tröstet Huon damit, dass sie bald Königin des Feenreiches werden würde. Doch hier bricht die Klage der Mutter um ihr verlassenes Kind Clarisse los. So sind mittlerweile beide am »dongon«, dem höchsten, befestigten Gebäude des chastel Momur angekommen. Am Thore desselben finden sie Mallabron; freudiges Wiedersehen; Mallabron erzählt sogleich, Oberon erwarte schon Huon, bereit von dieser Welt zu scheiden. Auch Gloriant und manche edle Fee begrüssen vor Freude laut singend Huon und Esclarmonde; Oberon hört das Jubeln, erfährt von einer Fee den Grund der Freude und bittet, sofort solle Huon zu ihm kommen.

Oberon liegt in seinem Bette, bereit zu sterben. Huon und Esclarmonde treten zu ihm hin. Nach dem ersten Gruss sagt Huon, er wolle gerne mit Esclarmonde nach Bordeaux um der Clarisse willen zurückkehren. Doch Oberon weist dies zurück und kündigt ihm den drohenden Kampf gegen Artus an, den Huon als Nachfolger in Monmur zu bestehen haben werde. Artus wolle nämlich selbst als König in Monmur herrschen, doch werde es ihm nicht gelingen. In drei Tagen werde er [Ob.] sterben, zuvor soll Huon gekrönt werden. Gloriant muss die Krone holen. Huon wird alsdann auf Oberons »siège« gesetzt und gekrönt. Auch Esclarmonde wird auf Oberons Befehl gekrönt. Oberon lässt alle Feen Huon Gehorsam schwören, nachdem ihm »toute la segnourie et toute la poissance« übergeben war. Am nächsten Morgen stirbt Oberon; der balsamierte Leichnam wird in einem Schrein geborgen durch Magneten in der Luft schwebend gehalten; darunter führen Feen Reigen auf.

Artus hört von Oberons Tod. Er will in Monmur kurzer Hand einziehen, erfährt aber am Thore von Mallabron und Gloriant, dass Huon schon gekrönt sei. Artus fordert letzteren zum Kampfe heraus. Auf der Insel »de Bouscault« soll am Tage »saint Jehan« die Schlacht stattfinden. So geschah es auch:

> Mais a ce c'ay oy en listoire compter
> Le roy Hulin fist tant, c'Artus en fist aler
> Et c'a paix lui lessa de Momur possesser —

γ) Resultat des Vergleiches beider Hss. § 45.

Abgesehen von den Thatsachen, dass Huon und Esclarmonde in Monmur ankommen, dass Gloriant die Krone Oberons herbeiholt, Huon gekrönt wird und Oberons Stelle einnimmt, bieten

diese beiden Pariser Handschriften nichts Uebereinstimmendes.
Es sind also zwei in sich fast gänzlich verschiedene chansons über
denselben Vorwurf: »Couronnement de Huon dans la féerie«.

§ 46.   B.
Verhältnis der beiden Pariser Handschriften zu der
Turiner Handschrift (Ed. Schweigel, V. 2541—3151).

Vergleichen wir diese Verse oder deren Analyse, Schw.,
S. 61 und 62 § 207, mit denen der Par. Hs. § 43 und § 44
unserer Abhandlung, so ist auf den ersten Blick ersichtlich,
dass P 22555 isoliert ist, d. h. im Einzelnen beziehungslos den
anderen Hss. gegenübersteht. Allen drei en ist nur das Eine
gemeinschaftlich, dass Huon Oberons Nachfolger, also König
im Feenreich wird.

§ 47.   Wie verhalten sich nun aber T und die der Hauptsache
nach damit übereinstimmenden Prosafassungen Pf¹ und Pe zu
P 1451?

Wörtliche Uebereinstimmung findet sich nirgends;
Sachliche in folgenden Punkten:
Huon und Esclarmonde reisen, ohne ihre Tochter »Clarisse«
mitzunehmen, von Bordeaux ab. Clarisse wird dem seneschal
Bernart anvertraut, ebenso die Regierung des Landes. Huon und
Esclarmonde gelangen zum »chastel« der wunderbaren Mönche.
Einer derselben wird von Huon mit der Stola gefangen und
erzählt, wer sie seien und warum sie in diesem Schlosse sich
aufhielten. Dieser gefangene Mönch führt Huon und Esclarmonde
in die Nähe von Monmur. Oberon übergiebt die Herrschaft über
das Feenreich Huon und krönt Esclarmonde gleichfalls. An-
kündigung des Kampfes mit Artus. Oberon stirbt.

§ 48.   In der näheren Ausführung jedoch treten wesentliche
Unterschiede zu tage.

Man vergleiche die langen Verhandlungen, welche vor
Huons Abreise in T gepflogen werden.
Der Abt Ouedes rät V. 2558 ganz anders als im V. 2572;
nach P 1451 trifft Huon selbst alle Bestimmungen, besorgt um
das Wohl der Tochter und des Landes. Nachdem alles bestens
geordnet, findet die Abreise unter lautem Weinen der Bewohner
von Bordeaux statt.

§ 49.   Nach T nimmt Huon nur vom »abbé« Abschied und zieht
in aller Heimlichkeit seines Weges. Die Sucht nach Abenteuern
lässt hier Sturm und Schiffbruch über Huon und Esclarmonde
hereinbrechen.

Nichts davon in P 1451, wo die 14 tägige Fahrt (resp.
15 tägige) im Monat April ohne Unfall von statten geht.
NB. Dass Huon im April in Monmur eintreffen müsse, ist
bereits am Schlusse des eigentlichen Huon-Romans P 1451
fol. 163 v 26 insofern angedeutet, als wir dort erfahren, dass
Oberon im April werde sterben müssen:

    f. 163 v 26 Fenir me conuendra droit ens ou mois d'auri,
        27 Je scay l'heure et le jour que dieu m'a establj.

Die Verse 2692 und 2693 in T finden ihre nähere Er- § 50.
klärung und Begründung durch P 1451 fol. 204 1 25—28:

    25 D'Auberon le faé lui va bien ramembrant
    26 Qui lui ot commandé, quant s'ala desseurant,
    27 Can jour qu'i partiroit de sa contrée grant
    28 C'adès portast sur luy vne estolle poissant.
    29 Pas ne l'ost oubliée —

Jener Befehl Oberons, dessen sich Huon hier erinnert,
steht am Schlusse des eigentlichen Huon-Romans direct nach
obigen zwei Versen f. 163 v 28 ff.:

    28 »Hüe,« dist Auberon, »scanés que je vous prie?
    29 Au jour que je vous dis venés en faërie,
    30 Mon roialme tenrés et aurés em baillie,
    31 Exclarmonde en sera roïne segnourie.
    32 Vous entrerés en mer pour aler en Orbrie
    f. 164 r 1 Et puis vous trouuerés chastel et abbaye,
       2 Les moignes de leäns vous feront courtoisie;
       3 Mais jl fault, que (ou) ayés vne estolle appointie
       4 L'ung le jettés au col, ainsy c'n la nuittie
       5 Jl vous dira le vray de son anchisourie
       6 Et vous ensengnera la moie segnourie
       7 Et vous aportera et vous et vostre amie.« —

Möglich, dass auch der Schluss des Huon-Romans in T
diese Prämissen zum Verständnis der Verse 2692 u. 93 an die
Hand giebt.

Huon hatte also von Oberon genaue Weisung betreffs der
Stola erhalten. In den Prosafassungen Pf1 und Pe schenkt
der Abt Huon die Stola, welche ihm noch gute Dienste leisten
sollte. cf. Schweigel S. 63.

Die Auskunft, welche der mit der Stola festgehaltene § 51.
Mönch über sein und seiner Genossen Leben und Wesen giebt,
ist in beiden Hss. ziemlich gleichartig, nur ist T genauer im
Bericht über den Sündenfall des Lussiabiax und seiner Engel.

Kurz und friedlich spielt sich in P 1451 alles zwischen
Huon und dem Mönch ab, nichts von den wiederholten, stets
vergeblichen Versuchen des Mönchs, von der Stola und dadurch
auch von Huon loszukommen, wie wir sie in T lesen.

Auffallend ist auch, dass der Mönch sein V. 2765 und § 52.
2789 f. gegebenes Versprechen, Huon im Angesichte von Mon-

mur niederzusetzen, nicht hält, wie wir aus V. 2827—2838 ersehen. Danach sieht Huon gar nichts von der faerie und Monmur und ist in grosser Verlegenheit. Auffallend ist ferner V. 2766 T, wenn wir damit V. 2741 T vergleichen. Wenn 2766 der Mönch genau das Ziel kennt, dem Huon zustrebt, sollte man doch meinen, dass er von Huons Verhältnis zu diesem Ziele auch mehr wissen müsste, dass also die Frage 2741 zum mindesten überflüssig erscheinen muss. Ueberhaupt ist diese Stelle eine der unklarsten, was den Sinn betrifft.

§ 53. Von Clarimondès erfahren wir natürlich in P 1451 nichts, da ja Huon »a la porte de Monmur« niedergelassen worden ist. P 22555 identificiert, scheint es, Malabron mit Clarimondès; vgl. § 43.

Verschieden stellen die Hss. dar, wie und durch wen Oberon die Nachricht von Huons Ankunft erhält und ebenso verschieden auch dessen Empfang.

In schöner Weise versteht es der Dichter von P 1451 die Sehnsucht der Eltern, Huon und Esclarmonde, nach ihrer Tochter vor dem Eintritt in Monmur und vor der eigentlichen Uebernahme der Königsherrschaft zum Ausdruck zu bringen. Von diesem warmen, ethischen Zuge hat T nichts.

§ 54. Mit den verschiedenen, sich oft wiederholenden Versen in T, die sich auf Huons Krönung beziehen: V. 2901—8, 2952—54, 2959—61, 2963—75, 2976—3001, 3116—29, und den auf die Krönung Esclarmondes bezüglichen Versen 2909 u. 10, 3026—30 vergleiche man die wenigen aber klaren Verse von P 1451 f. 206 r 12-30.

§ 55. Es sei noch auf den Widerspruch aufmerksam gemacht, der sich in T Vers 2994—3001 und 3266—74 findet; nach den letzteren scheint es, als ob besonders V. 2906 gar nicht vorausgegangen wäre.

Wie seltsam ist es doch, dass Oberon nach V. 2963—75 T bei Gelegenheit der letzten Zusammenberufung der faerie ein neues Berufungsmittel, den mit dem Bogen abgeschossenen Pfeil, anwendet und nicht, wie sonst immer, seinen »Willen« ausspricht. Wir hören auch nie, dass Huon später durch den »Pfeilschuss« die faerie versammelt hätte. Diese Abweichung ist höchst auffallend und mit den Prosadrucken Pf1 und Pe (Schw. S. 64) übereinstimmend.

§ 56. Die Art der Bergung des entseelten Körpers von Oberon ist in beiden Hss. verschieden.

Von einem Kampfe der Engel und bösen Geister um Oberons Seele ist in P 1451 nicht die Rede.

Fassen wir nun kurz das Ergebnis zusammen: P 1451 setzt § 57.
den Teil »Couronnement de Huon dans la féerie« in organischen
Zusammenhang mit dem eigentlichen Huon-Romane § 49 u.
50 und wahrt bei gedrängter Kürze vollständige Deutlichkeit und
Einheit der Erzählung.

Vorläufig lässt sich über den Zusammenhang dieses Teiles
mit dem eigentlichen »Huon« nach T nichts sagen, da wir
letzteren nicht kennen. Die vorhandenen Widersprüche des
besprochenen Teils aber in §§ 48, 52, 55, die vielen Wieder-
holungen in § 54 und die § 55 bemerkte sonderbare Stelle, sowie
der Anklang an die Fassung P 22555 in der Stelle, wo Clari-
mondès auftritt, lassen uns schliessen, dass dem Verfasser dieses
Teiles mindestens zwei Vorlagen vorgelegen haben, die er ober-
flächlich und ungeschickt in einander schachtelte; darunter
können sich recht wohl (vgl. § 47) auch die Vorlagen von
P 1451 und P 22555 befunden haben. Möglicherweise lag ihm
auch nur eine ältere Fassung von P 1451 vor, die er willkür-
lich umgearbeitet hat.

C. § 58.

Untersuchung über die Quelle des in P 22555 über-
lieferten Teiles »couronnement de Huon dans la
féerie (fol. 248r a—250r b34; vgl. § 43).

Wie wir durch Hinweise im § 43 auf Guessards Druck der
Hs. von Tours schon angedeutet haben, ist vom Verfasser
dieses Teiles von P 22555 Huons Reise nach Monmur aus
jener Hs., resp. aus P 22555 stark benutzt worden. Wir
müssen den Verfasser auch dieses Teils in das nächste Ab-
hängigkeitsverhältnis bringen zu dem eigentlichen Romane, wie
wir ihn aus jenen beiden Hss. kennen. Nehmen wir das im
§ 39 über den zweiten Teil des »Huon, roy de faerie« P 22555
Gesagte hinzu, so ergiebt sich, dass der Verfasser dieser Fort-
setzung in P 22555 den eigentlichen Huon-Roman als Quelle
gehabt hat.

Die oft wörtliche Uebereinstimmung in P 22555 bei der § 59.
Schilderung der Reise Huons nach Monmur mit derjenigen der
Hs. von Tours, ed. Guessard, setzt sich bei jedem noch kom-
menden Orte, der auf Huons erster Fahrt durch den »bocaige
Auberon« bereits beschrieben war, in gleicher Weise fort.

Berücksichtigen wir, was wir § 37 und § 39 über den
zweiten Teil der Fortsetzung »Huon, roy de faerie« der Pariser
Hs. 22555, »combat de Huon contre les géants«, gefunden
haben, so ergiebt sich, dass sowohl der erste als auch der
zweite Teil in directem Abhängigkeitsverhältnis zum eigentlichen

Huon-Romane steht, wie wir ihn in der Hs. von Tours und wohl auch in P 22555 besitzen.

§ 60. Vielleicht lässt sich erweisen, dass diese Fortsetzung P 22555 »Huon, roy de faerie« die erste Fortsetzung ist, welche der Roman erfahren hat. Wir schliessen dies aus folgenden Punkten:

1. Es liegt doch sehr nahe, dass ein Dichter, welcher Huon zum König der faerie krönen und nicht nur in Monmur sondern auch in Dunostre Hof halten lässt, der gewaltigen Feindschaft sich erinnert, die zwischen den gaians, den Brüdern des von Huon erschlagenen Orguelleux, und Huon noch bestehen muss.

Von dem Kampfe Huons gegen Artus lässt sich durchaus nicht dasselbe sagen, denn im »Huon-Romane« ist dafür kein Anhaltspunkt zu finden. Ueberdies ist er in T vom eigentlichen Huon durch mehrere Mittelglieder getrennt, jene Episode in P 22555 dagegen nicht.

NB. Wenn T später noch (vgl. Schw. V. 8068—8318) von dem Kampfe Huons gegen die gaians berichtet, so beeinträchtigt dies in keiner Weise das eben Gesagte, da ja dieser Teil mit der in die chanson d'Esclarmonde eingeflochtenen chanson »Huon, roy de faerie« gar nichts zu thun hat. Im Gegenteil bestätigt dieser Nachtrag in der Turiner Hs. unsere Behauptung, dass T m e h r e r e Vorlagen hatte, die zu einem Sammelwerke zusammengearbeitet wurden.

§ 61. 2. Giebt der Schluss des eigentlichen »Huon« der Hs. von Tours Ed. Guessard 10423—10463 sowohl als auch von P 22555 (Es fehlen nur darin die Verse 10437, 10441, 10447—52, 10456; für 10458 steht: »Hue biaulz frere, pour dieu de maiesté«; 10461) den Stoff, respective das Z i e l gerade dieser Fortsetzung von selbst an die Hand. Dann ist auch nichts natürlicher, als dass Huon den ihm bekannten Weg in das »bocaige Auberon« wieder einschlägt, um Oberon zu finden.

Den dabei notwendig sich ergebenden Wiederholungen sind die Verfasser von T und P 1451 aus dem Wege gegangen und lassen deshalb Huon planlos auf dem Meere umherirren.

§ 62. 3. Der Verfasser dieser Fortsetzung P 22555 kannte nicht die Fortsetzung »chanson d'Esclarmonde«, sonst hätte er nicht Gerames als den nennen können, der während Huons Abwesenheit in Monmur in Bordeaux herrschte; denn nach jener chans. d'Escl. war Gerames im Kampfe längst gefallen.

Nun aber steht ausdrücklich in der Hs. von Tours (Guess. 10414—52) und Paris 22555, dass Gerames stellvertretender Herrscher in Bordeaux sein soll. Gerames ist auch in der That (vgl. § 43) mit der Herrschaft Bordeaux von Huon belehnt worden. T und P 1451 nehmen aus obigem Grunde ihre Zuflucht zu dem Grafen Bernart, der aus der Chanson d'Esclarmonde wohl bekannt ist.

Während wir demnach darüber Sicherheit haben, dass der § 63. Verfasser der Fortsetzung in P 22555 die anderen uns bekannten Forsetzungen nicht kannte und demgemäss nicht benutzen konnte, haben wir § 39 wenigstens an einem Teil gezeigt, dass P 22555 von einem der Verfasser der Turiner Hs. benutzt worden ist.

Um zu einem definitiven Abschluss über die chanson de § 64. Huon, roi de féerie in P 22555 zu kommen, soll 'nun der dritte Teil dieser Fortsetzung in Kürze behandelt werden, den wir § 29,3 »Combat de Huon de Bordeaux contre Huon le desuey« benannten.

P 22555 fol. 252 v b39—253 v b29 enthält in etwa 170 Versen einen Kampf des Gerames gegen Huon le desuey, einen Bruder des Guibouart de Vymes (vgl. Guessard 2460—70). Glücklicherweise steht auf dem letzten ganz erhaltenen Blatte, dem vorletzten der Handschrift, in den letzten 4 Versen eine kurze Inhaltsangabe des noch folgenden Schlusses, der nur zu erraten ist, da das letzte Blatt so ausgerissen ist, dass von den etwa 168 Zeilen keine einzige mehr ganz erhalten ist.

Aus dem, was erhalten, können wir immerhin noch er- § 65. sehen, dass jener Huon, Bruder Gibouarts, des Schwiegervaters von Gérard, Bordeaux erobert und Gerames in die grösste Lebensgefahr gebracht hatte. Aus dieser Gefahr scheint Gerames durch Huon befreit worden zu sein, welcher Mallabron als Retter in der Not nach Bordeaux im entscheidenden Augenblick wünschte d. i. schickte. Alsdann wird wohl Gerames endgiltig zum Herrn von Bordeaux gekrönt worden sein.

Anhang.

In T schliesst sich an die chanson de »Huon, roi de féerie« § 66. die Verwandlung Esclarmondes zur Fee (Schw. Vers 3161—3456) an und daran anschliessend ein Kampf Huons gegen Artus (Schw. 3457—3481).

Jene Verwandlung Esclarmondes berechtigt auch Schweigel die chanson d'Esclarm. bis 3481 zu rechnen, denn dies gerade ist der einzige Teil der chanson, in welchem Escl. Mittelpunkt der Erzählung ist.

Von dieser Metamorphose Escl.'s scheint, allerdings nur in einem Verse, auch in P 1451 die Rede zu sein; vgl. § 44: fol. 202 v 36 »La contesse Esclarmonde qui depuis devint fée« Wir betonen aber scheint, sind vielmehr der Ansicht, dass die praktische Verwendung des Wortes fée in der ée-Tirade Schuld ist an diesem Versausgange, und dass der Verfasser es für selbstverständlich hält, dass Escl. als Königin der faerie auch mit allen Qualitäten einer fée ausgestattet ist. Auf jeden Fall stellt er keine Reflexionen über diesen Punkt an.

Die Verwandlung selbst in T erinnert uns an die Verse Guessard 3500—3562.

§ 67. Von dem paradois terrestre Schw. 3309 ist auch in P 1451 die Rede, eingeflochten in die chanson d'Esclarmonde. Als Huon auf der an Wundern so reichen Insel von dem »arbre de jouent« die 3 Aepfel pflückte, sagte ihm die Stimme aus dem Baume (P 1451 fol. 177 v 8):

S'a le destre main vas, tu trouueras briefment
De paradis terrestre le lieu parfaittement;
Mais on [n]'j peult entrer, Hellie le deffent
Et aussi fait Enocq qui dieu aime fourment —

(Ueber Henoch und Elias vergleiche 1. Buch Mosis Cap. 5, 21-24 und 2. Buch der Könige Cap. II, 11. Henoch und Elias sind diejenigen Frommen im alten Bunde, die den Tod nicht an sich erfahren haben, sondern in den Himmel entrückt wurden.) Huon war nahe an dem »paradis terrestre« nach P 1451, Esclarmonde aber darin nach der Turiner Handschrift.

§ 68. Untersuchung über den Kampf Huons gegen Artus (vgl. § 29 Schluss).
Quellen: T Schweigel VV. 2911—62, 3008—75, 3152—60, 3458—81, 6143—68; P 1451 fol. 206 r 3-10 und 206 v 1-14.

§ 69. Grundverschieden ist in beiden Hss. der König Artus dargestellt, in P 1451 als Usurpator, dort als einer, der gerechte Ansprüche auf die faerie erhebt und durch Oberon mit einem Vertrage zur Ruhe gebracht wird. Auffallend in T sind die Verse 3023 und 24, welche schon auf die später folgende Verwandlung der Esclarm. zur Fee hinweisen. Den alljährlich wiederkehrenden Kampf zwischen Huon und Artus (vgl. P 1451 fol. 206 v 12-14 § 70) benutzt T noch zweimal, um zwei chansons von einander zu trennen: 3458—81 trennt ch. d'Escl. von der ch. de Clarisse et Flourent; 6143—68 trennt letztere von der ch. de Yde et Oliue.

Die mehr dialogische Darstellung der Turiner Handschrift § 70. nennt Artus auch »roi faés« V. 2945; wie Huon resp. Oberon eine faerie unterthan ist, so auch ihm. In P 1451 dagegen ist Artus lediglich »roi«, der denn auch dem »roi de faerie« nicht siegreich gegenüberzutreten vermag. Wie wenig selbstvertrauend, eines Huon unwürdig, stellt T den Helden dar Vers 3030—40! Dasselbe bemerkten wir schon bei dem Kampfe Huons gegen die gaians § 37, 5.

Das Wichtige bei alledem ist, dass beide Hss. diese Com- § 71. bination mit dem König Artus das erste mal an derselben Stelle bringen, ohne jedoch im weiteren Verlauf Uebereinstimmungen aufzuweisen, welche ein directes Abhängigkeitsverhältnis erweisen könnten. Das § 57 am Schlusse gefällte Urteil findet auch auf diese Stelle seine Anwendung.

Beilagen: Texte.

A. Stellen der Hs. 1451 zur Chanson de Croissant.

B. Die Interpolation der Hs. 1451 fol. 89 r 20—127 r 16 »Huon et Callisse«.

C. Die Chanson »Huon, roi de féerie«
1) nach Hs. 22555 fol. 248 a 1—253 d 39.
2) nach Hs. 1451 a) fol. 67 r 16—68 v 33, b) fol. 202 r 7— 206 v 14.

Die § 7 a aufgezählten auf Croissant bezüglichen Stellen von P 1451 seien zuerst mit kurzer Angabe des betreffenden Zusammenhangs, in welchem sie sich finden, angeführt:

1. fol. 26 r 17—26 v 5.

Bei der ersten Begegnung Huons und Oberons fragt ersterer, in dem von Oberon hervorgezauberten Schloss bei Tafel sitzend, nach seinem zukünftigen Lose:

fol. 26 r 17 »Sire«, se dist Hulin, »bien me seray gardés;
18   Mais or me dittes, sire, qui tant d'estae scaués:
19 Ferai je le message qui m'a esté carquiés?«
20 »Oïl«, se dist le roy, »s'en vous maint loialtés;
21 Mais bien vous scay a dire, moult de paines arés.
22 Mais scachés, qu'en le fin Esclarmonde auerés
28 Et vne belle fille en lui vous engenrés
24 Qui aura moult de maulx et moult d'auersités,
25 Si venra de vo geste vng hoir moult redoubté
26 Dont trois hoirs jsteront qui passeront a nefz
27 Pour auoir le sepulcre ou dieu fust sussités;
28 Jhlrm prendront qui est bonne cités,
29 Tabarie et Damas, Acre qui est de lés
30 Et tendront de ca mer xiii rëaultés.
31 Or pense de bien faire! Tu es de dieu amés
32 Et dedens faerie seras tu hostelés
fol. 26 v 1 Ou mien siege tendras, quant je seray finés.
2 C'est droit dedens Momur la ou mon corps fust nés,
3 Bien a im chens lieues de ce grant bois ramés,
4 Si suis plus tost venus, quant j voeul estre alés,
5 C'ung bon ceuaulx ne soit chincq lieues estre alés.«

Huon wird nach V. 22 Esclarmonde heiraten. Die V. 23 erwähnte »belle fille« kann nur Clarisse sein, welcher in der That die V. 24 angekündigten »auersités« zugestossen sind. Der in V. 25 zwar nicht benannte »hoir moult redoubté« ist

durch V. 26—30 genau genug skizziert, um in ihm Crois-
sant zu erkennen. Von dessen Eltern Yde und Oliue ist an
dieser Stelle (V. 25) nur insofern, als sie zu der geste Huons
gehören, die Rede. Die Eroberungen, welche übrigens hier den 3 hoirs zuge-
schrieben werden, sollen nach der noch anzuführenden Stelle
fol. 140 v 20 ff. von Croissant selbst ausgeführt worden sein.

2. fol. 140 v 20—141 r 28.
Nachdem Yvorim mit Gallaffre sich versöhnt hat (vergl.
Guessard S. 246 8268), belagern beide Aufalerne. Guessard
S. 247 8283 — 252 8461 fehlt in P 1451; dafür steht folgendes:
Huon, Gerames und die chevaliers verteidigen die Burg, von
Esclarmonde thatkräftig unterstützt:

fol. 134 v 33 »Esclarmonde loeur va les caillaux aporter«.

Doch rät Gerames in der höchsten Gefahr, Huon solle sein
»cor« blasen. Sofort erscheint Auberon und der roy Gloriant
mit bewaffneten Scharen, die sarasins fallen unter deren Streichen
mit ihren Königen Yvorim und Gallaffre. Hocherfreut lässt
Huon die Zugbrücke der Burg herab und eilt Auberon ent-
gegen; nun folgt unsere Stelle:

fol. 140 v 20 Atant es Oberon, le noble roy poissant!
 1 Jl a dit a Hulin: »Amis, venés auant!
 2 Mors sont les sarrasins qui vous furrent nuisant,
 3 La chité est a vous et deriere et deuant
 4 Et le riche tresor Gallaffre l'amirant.
 25 N'i a plus bel tresor au pays Teruagant,
 6 Vous le ferés carquier par dedens vng calant
 7 Et puis se l'enmerrés parmy la mer bruiant,
 8 A Rôme le larés auoeucq vos oliffan
 9 Et le riche hanap qui le vin va liurant,
 30 Et s'i larés aussi vo haubert jaserant
 1 Que jadis conquestates a l'Orguilleux gaiant,
 2 Lés le tresor saint Piere, la l'irés enfremant.
 3 A vng fort huis de fer sara escript deuant,
 34 Que nuls n'entrera ens, s'aura a non Croissant.
fol. 141 r 1 De ta geste venrra cilx dont je vois parlant,
 2 Ta fille en sera taye que seras engenrant.
 3 Cilx enffes auera affaire en son viuant
 4 Tant, que tout li faurront li petit et li grant;
 5 Mais par celui tresor que vous jrés laissant
 6 Venra a hault honneur et si en sera tant,
 7 Que de xv roialmes jouïra son viuant
 8 Et si les acquerra a l'espée trenchant.«
 9 Quant Hulin l'entendit, si le va enclinant.
 10 Dist le ber Auberon: »Deuers France en jras
 11 Et le tresor Gallaffres auoeucq ty enmenrras,
 12 En la chité de Rôme droit la tu le lairas
 13 Lés le tresor saint Pierre, droit la l'establira[s]

14 Et le fais bien fermer, si c'on n'i entre pas,
15 Et puis jsnellement en l'huis tu escripras:
16 »C'est le tresor Croissant«, et puis t'en partiras.
17 Cilx aura le tresor, et ne t'en doubte pas;
18 Car ja aultre que lui n'i mettera le bras.
19 A ce Croissant sera le cor et le hanap
20 Et le riche haubers qu'en ce tresor lesras
21 Dont moult aura affaire contre les Satenas,
22 S'en conquerra afforce la chité de Damas,
23 Bethelen, Nasareth et la tour de Baudas,
24 De Rûme sera rois, grant sera ses estas.«
25 ⎧ist li roys Auberon: »Ce Croisant, que je dis,
26 ⎩ De ta jeste jstera, pour voir je le t'afis,
27 Le tresor que lairas n'aura aultre que ly,
28 Ne n'i porra entrer ne deffremer aussy.«

3. fol. 145 v 24—146 r 16.

Huon, auf der Heimreise nach Rom gekommen, führt Oberons Befehl aus:

fol. 145 v 24 Quant vint après diner, Hulin ne se detrïe,
25 Lés le tresor saint Pierre fist vne tresorïe
26 Et j mist son tresor qu'i conquist par maistrïe,
27 Oncques plus bel tresor ne vist nuls homs en vïe.
28 Son cor et son hanap j mist a celle fïe
29 Et son riche haubert qui bien valoit Roussïe,
30 Puis ferma le tresor qui bien valoit Roussïe;
31 L'entrée fist murer d'une pierre jollïe
32 Et puis j fist escripre a la droitte clergïe:
33 »Cy contre celle pierre qui bien est entaillïe
34 Est le tresor Croissant qui viengt de sa lignïe.
fol. 146 r 1 Qui [n]'a a nom Croissant o tresor ne voist mïe!«
2 Puis j ala maint hûme de haulte segnourïe,
3 Mais quant par eulx estoit celle pierre brisïe,
4 Par de la vëoit on par droitte faërïe
5 Deux grans hômes de coiure bien ouuré par maistrïe
6 Qui de flaiaux menoient par deuant telle vïe,
7 N'i osoient entrer toux cilx de la partïe.
8 Mais quant Croissant j vint qui moult ot segnourïe,
9 Qui vint de par Huon et de s'anssisorïe,
10 Jcilx ot le tresor de haulte segnourïe
11 Dont jl guerroia puis sur la gent payĕnïe.
12 Et cilx Croissant meïsmes fust roy de Rûmenïe
13 Et d'Arragon ossi, vne terre jolïe,
14 Et de xv roialmes fust roys a vne fïe,
15 Et de celui Croissant vint la noble lignïe
16 A qui Jhlrm fust depuis ottroye.

4. fol. 168 r 15.

In einer der ersten Tiraden der chanson d'Esclarmonde giebt der Verfasser, wie an anderen Stellen auch öfters, eine kurze Uebersicht über die noch folgenden Begebenheiten. Die betreffende 334. Tirade lautet:

fol. 167 v 32 ꞨEgneurs or escoutés, que dieu vous benaye!
　　　33 ꞨEgneurs or escoutés, que dieu vous benaye! hui mais porrés oyr fais de ch'lrie.
　168 r 1 Par ceste chose cy c'ainsy est pourtraittíe
　　　 2 En rechupt li ber Hue si tres dure hachíe,
　　　 3 Que passer l'en faura oultre mer anauire
　　　 4 La ou mainte auenture trouua a celle fíe
　　　 5 Et parla a Judas qui vendit par envíe
　　　 6 Le roy de tout le monde qui tout a embaillíe,
　　　 7 Et a Caïn aussi qui tant ost felonníe
　　　 8 Parla le duc Huon qui tant ost segnouríe;
　　　 9 Des pōmes de jouuent ost jl en sa partíe
　　　10 Qui en la garde sont et d'Enocq et (de) d'Ellíe.
　　　11 Mais puis le ber Huon fust (par) dedens faeríe
　　　12 La ou roy Auberon lui donna segnouríe.
　　　13 Contre le roy Artus le conquist par maistríe,
　　　14 Puis fist jl beau secours a ciaulx de sa ligníe
　　　15 Et o dansel Croissant fist jl grant segnouríe.
　　　16 Hui mais vous en sera la verité jehíe,
　　　17 Ainsy que la matere le nous acerteíie.

　5.　fol. 225 r 14—225 v 3 (vgl. Guessard S. LII u. LIII).

fol. 225 r 14 Et par jcelle paix dont je fais parlement
　　　15 Fust fais vng mariage, se l'istore ne ment
　　　16 De Clarisse la belle et du noble Flourent;
　　　17 Mais n'est pas en ce liure, car jl prent finement,
　　　18 Ains est ens ou rōmant, par le corps saint Climent,
　　　19 De Croissant cilx de Rōme qui moult ost hardement,
　　　20 Qui fust filx a la fille Clarisse o le corps gent
　　　21 Qui par le voloir dieu, le pere omnipotent,
　　　22 Fust cangiée sa char, le liure le m'aprent,
　　　23 Et se devint vns homs o gré du sapíent,
　　　24 Ydé auoit a nom, le mien corps point ne ment;
　　　25 Si espousa la fille l'empereur vrayement
　　　26 De Rōme le majour qui moult ost hardement,
　　　27 Qui ost nom Beatris, le corps auoit moult gent.
　　　28 Et de ces deux segneurs dont je fais parlement
　　　29 Jssist le ber Croissant, qui tant fust excellent
　　　30 Qui moult souffrist de maulx contre païëne gent,
　　　31 Auant qu'i possessa de terre nullement.
　　　32 Mais enfin possessa, l'escripture l'aprent,
　　　33 De x111 realmes par son grāt hardement,
　　　34 Ainsy que vous orrés en l'istoire Croissant.
　225 v 35 DE x111 rēalmes cest enffant possessa
　　　36 DE x111 rēalmes cest enffant possessa Et en fust souuerain, ainsy c'on vous dira
　　　37 Le liure de Croissant qui le vous chantera. —

B. »Huon et Calisse«,
die Interpolation der Hs. 1451 fol. 89 r 20 — 127 r 16.

89 r 9 MOult fust li ber Hulin hŏnouré haultement   [CLXIX
    Pour ce qu'ainsy auoit proësse et hardement,
    Le harperre le voit, se luy dist doulcement: = ed. 7820.
12 »Garinet bien debués amer certtainement
    Celuy qui vous a mis en estat si tresgent.«
    »Maistre«, ce dist Hulin »je vous ay en conuent,
15 Le bien que m'aués fait ne perderés noient,
    Et de tant vous en dis par le mien serement:
    Fel est li homs qui voit le bien et le mal prent.«
18 Lors lui donna a boire a la couppe d'argent.
    Ensement se contint Hulin o fier talent,
    Et dedens Aufalerne sont dollant li payen,
21 Gallaffre d'Aufalerne maine grant mariment;
    Mais Gerames lui dist a sa voix clerement:
    »Sire roys d'Aufalerne, tort aués vrayement.
24 Se vous aués perdu aujourdhui ensement,
    Vous em porrés auoir encores vengement,
    C'a esté vne chose faitte hastiuement.«
27 »A Gerames«, dist jl »j'ay perdu mon parent,
    L'ōme que plus amoye desoubz le firmament.«
    »GErame«, dist Gallaffre, »j'ay mon nepueu perdu, [CLXX
30   Bien doy haïr celui qui a mort l'a feru.«
    »Sire«, se dist Gerames »pour quoy em pleures tu?
    Se bon coeur tu ne prens, nous sōmes confondus,
89 v 1 Nous serons ens en l'hoeure trestoux mors abatu.
    Mais faittes lie chiere et n'ayés tel argu!
3 Se croire me vollés et jl soient venu,
    Bataille liurerons o fer et a l'escu,
    Tout ce qu'il ont du vostre loeur sera chier vendu.«
6 Dont s'appaisa li roys, mais o coeur dollant fu;
    Et le roy Yvorim que Hulin tint a dru
    L'endemain au matin, quant le jour fust venu,
9 S'en va vers Aufalerne ou sont les mescreüs.
    Hors de mer jl ont mis leur (tentes) [trés] a or tissu[s]
    Par deuant la chité dessus les prés herbu[s],
12 La se loge[nt] paien, la maisnie Cahu.
    Et roy Gallaffre fust en son palaix lassu[s],
    Voit logier Yvorim que bien a congneü.
15 Le rice paueillon a grant clarté rendu,
    Moult sont riche li pel a quoy jlz sont tendu.
    Par deuant Aufalerne la cité de renom   [CLXXI
18   Fust le roy Yvorim, auoeucq lui fust Huon;
    Et Gallaffres auoit Gerames le baron.
    Or sont l'ung contre l'aultre li vaillant campion;
21 Et se bien le sceuissent les princes de renon,
    Jl euissent eü vng' aultre oppinion;
    Mais chūn ot le coeur aidier a sa parchon.
24 Gallaffres a mandé maint prince de renon,
    Et s'i estoit Gerame qui coeur ot de lion.
    »Segneurs«, se dist li roys »oiés m'intension!

27 Vecy roy Yvorin qui me fait mesproison,
 Assise a ma cyté en tour et environ
 Et s'a mort mon nepueu qui Sorbrim ot a non.
30 Cōment me vengeray du traytre larron?
 Se cy sont longuement, je suis en soupecon,
 Que ceans ne nous faille vitaille et garnison.«
90 r 1 »Sire«, dist vng payen qui ost nom Sinagom,
 »Je los, que de matin quant le jour verra on
 3 Soient trestoux armés sergans et esclauon
 Et cilx qui en leurs mains poeuent porter baston
 Et voisent la endroit pour la deffencion,
 6 Et nous jrons la hors afforce et abandon
 Vng peu deuant le jour esmouuoir la tensson
 Et si soions hardis et de telle fasson,
 9 Que chūn voeulle auoir certtaine oppinion.
 Je ne me doubte mie, s'ensement le faison,
 Que nous n'aions victore ains no reparison.«
12 Dont dist li roys Gallaffre : »J'en loeray Mahom.«
 Ainsy l'ont accordé payen et Esclauon.
 Quant ce vint l'endenain droit a l'aube creuee [CLXXII
15 V Roy Gallaflre s'arma et sa gent redoubtee,
 N'i ot dame nesune que tost ne fust montee
 La dessus a creniaulx pour deffendre l'entree,
18 Chūne ot en sa main vne perche quarree.
 Et Gerames li ber ot sa gent ordonnee,
 Lors jssist hors li roys a ceste matinee,
21 Oncques n'i ot buisine tentie ne sōnee.
 En l'ost roy Jvorim de Monbrancq l'alossee
 Se dormoient adoncq, c'est verité prouuee,
24 Hulin gisoit o tref armés dessus la pree,
 Vng petit sōmeilloit, quant oït la huee.
 Adoncq print a crīer, et la noise est leuee;
27 Mais Gallaffres li roys et cilx de sa contree
 Se sont ferus es tentes par telle destinee,
 Que maintes (en) ont par terre abatue et verssee.
30 Et Gerames li vieulx j fiert de randonnee
 Et toux les crestīens de France l'honnouree,
90 v 1 Chūn pour auoir los y a force monstree,
 Maint fellon sairasins ont prins celle journee,
 3 Mainte teste ce jour ont tolue et ostee.
 Et le roy Jvorim ot moult la ciere jree,
 Jl se faisoit armer en se tente listee;
 6 Mais sa gent estoit moult durement effraee,
 Hulin portoit l'ensengne qui fust et grande et lee,
 Deuant la tente o roy l'ot mise et bien possee,
 9 Dont luisit le solaux qui abat la rousee.
 La fust telle bataille dessus la verde pree
 De quoy les Sarrasins morurent goeule bee.
12 Atant es vous Gerames a la barbe merllee!
 Au lés, vers l'estandart a sa voye tournee,
 A Hulin va ferir vne telle collee,
15 Que l'ensengne lui est tout hors des mains coulee.
 Grande fust la bataille, quant l'ensengne versa, [CLXXIII
 M Hulin fust moult dollant, Gerames regarda,

3 *

18 Moult bien dist, que, s'il poeult, point ne s'em partira.
A Gerame(s) est venus, tel coup lui desclicqua,
C'ung quartier de l'escu lui fendit et coppa
21 Et le haubert ossi dessarty et troua,
Jhūcrist le garit qu'en char ne le naura.
Gerames fiert a lui, son brancq j enuoya,
24 Li coups est aunlés, li ceuaulx assena,
Le col tout a moittié de ce coup lui rassa,
Le destrier et le maistre en vng mont reuersa.
27 Et Sarrasins lui crīent: »Prenés vif cestui la;
Car ce‍st cilx proprement qui Sorbrim nous tua!«
Dont l'assaillit Gerames, mais Hulin se leua,
30 Au bon destrier Gerames de s'espee frappa
En faucquant tellement, c'ung des piès lui raba.
Mais des x crestīens c'avoeucq lui amena
91 r 1 Fust Gerames rescous, chūn Hulin greua.
Las, que ne sceuent jlz, cōment la chose va
3 Et cōment loeur droit sire enuers eulx se merlla,
Jlz n'eussent pas fait ce c'adoncq faisoient la!
POrte fust le bataille a Gerame monter,   [CLXXIV
6 Et la fausist Hulin de male mort finer,
Quant li maressaux vint l'ensengne releuer,
Si a fait a Hulin vng ceual presenter,
9 Et tout mal gré Gerame il le font remonter.
La veīssiés bataille qui moult fist a doubter,
Maint felon Sarrasins jl conuient la finer
12 Et testes detrenchier, ceruelles espaultrer,
De sancq et des boiaulx le c[a]‍‍mpaign(i)e* raser
Et ces cheuaulx ossy loeur renne trayner,
15 Que selle ne poitral ne porrent remporter.
Ce jour j fist Gerames tellement adoubter,
Que Turs et Sarrasins ne l'osent regarder;
18 Par deux fois fist le jour la baniere versser.
Hulin fust si dollans, bien cuida foursener
Et dist a lui meīsmes: »Or puis bien esperer
21 Que moult sont fiere gens Sarrasins et Escler,
Oncques mais je ne vis payens si bien porter,
N'en bataille mortelle si vaillāment capler,
24 Cōme cilx qui m'a fait ensement decliner.
Jll a sur moy l'enuie*, de lui me fault garder;
S'aujourdhuy je ne voeul a martire finer,
27 Folie me feroit droit cy aenturcr;
Car j'ay tout aussi chier a voir me gent tuer
Que l'averrse partie arriere reculer.«
30 **A**inssy disoit Hulin a la chiere hardie,   [CLXXV
Grande fust la bataille et chiere l'ennaye.
91 v 1 Quant Hulin voit Gerame qui ainsy le cuurie,
Jl lui tourne le dos a vne aultre partie,
3 A soy meïsmes dit: »Le corps dieu te maudie,
Quant tu as desur moy aujourdhui telle cnvie!«
Et Gerame le sieult a cere ressongnie,
6 A soy meīsmes dit: »Doulce vierge Marie,

---

13. compaignie.   25. *Vgl.* 91 v 4.

Se pooye a cestui faire perdre la vie,
Moult en acroisteroie la moie segnourie;
9 Car jl ochist So[r]brin qui fust de la lignie
De Gallaffres le roy qui moult em bret et crie.
S'ochirre le pouoie a l'espee fourbie,
12 Li roys m'en ameroit par bōne drüerie.
Hellas, scacés segneurs par le corps saint Ellie,
Ce scroit vne amour malement employe,
15 Mon corps ne cache a el, qu'a lui tollir la vie!
Pour auoir Esclarmonde c'a Hulin est amie
Et c'amener le puisse la ou soit baptisie
18 En la terre de France qui doibt estre prisie;
Car le coeur me dist bien et le m'acertiffie,
Que Hulin trouueray en France le garnie
21 Par le bon Oberon le* roy de faërie.«
Ainsy disoit Gerame; las, jl ne scauoit mie,
Que ce fusist Hulin qui voeult tollir la vie!
24 **P**ar deuant Aufalerne assés près de la mer   [CLXXVI
Fust grande la bataille, moult fist a redoubter.
Quant Hulin poeult se gent la endroit assener,
27 Affin c'on ne peuist congnoistre n'auiser,
Ossi tost que les aultres les aloit jl tuer;
Mais ce jour se vault jl de Gerames garder;
30 Car bien voit, qu'il ne cache c'a lui deshōnourer.
A vng aultre lés va sa vertu esprouuer,
Mais la gent Jvorim conuint jl reculer,
33 Loeurs tentes et loeurs trefz guerpir et adosser,
92 r 1 Gerame les affait abatre et reuerser
Et affait loeur carin a la cité mener
3 Dont des payens se fist durement aloser.
»Ay Gallaffre sire«, se dient li Escler
»Vous aués vng griffon qui moult fait a loĕr;
6 Car nuls qui soit viuant ne poeult a luy durer,
Par trois fois a hui fait l'ensengne reuersser.
Pensés au repairier de lui beau don dōner;
9 Car vous ne le poés trop prisier ne loĕr!«
»Mahom«, dist l'amiral »voeullés le nous sauuer,
Que la gent Yvorim ne le face finer!«
12 Gerames et les siens font le carim mener,
Par deuant Aufalerne font jl tout arouter.
Et le roy Yvorim cōmenca a crier:
15 »Ay segneurs barons, cōme jl me doibt peser,
C'on se porra de nous si faittement gaber!«
Dont fist ses cors bondir, ses oliffans sōner,
18 Et au cours des ceuaulx s'en sont alés capler,
La terre font bondir et environ croler,
Oncques de tel estour n'oït nuls homs parler.
21 **S**i com cilx d'Aufalerne menoient le carin   [CLXXVII
Qu'il auoient conquis sur la gent Yvorin,
Sont venus li payen a[s]* bailles de sapin,
24 Pour le harnas rescourre firrent cruël hutin
Dont jl conuint morir maint noble Sarrasin.

91 v 21. li.   92 r 23. *Vgl.* 30, 92 v 4.

Bien s'en vont combatant Persans et Barbarin,
27 La oïssiés hucquier Mahom et Appolin,
La poeuissiés veoir le nobile Hulin,
Cōment jl se combat de son brancq acerim.
30 A l'entree des bailles consieuit Anselin
Qui conselier estoit Gallaffre le matin;
Mais Hulin lui trencha le haubert doublentin
33 Et l'auqueton de soye, le chemise de lin,
92 v 1 Tout deuant lui l'abat droit en my le cemin.
Du caroy ont rescoux assés a ce matin,
3 Se Gerames ne fust et ses aultres meschin,
Ja fussent en la ville entrés li Sarrasin.
Mais Gerames li ber et ses dix palasin
6 Les firrent reculer adoncq sur le carin,
Dont là conuint retrayre le maisnie Yvorin.
Yvorin est retrais courouchié et dolans [CLXXVIII
9 Et voit tentes et trés qui furrent la gisans.
»Ay Mahom«, dist jl »et que je suis mescans!
Aujourdhuy ay esté moult laidement perdans.
12 Ay faulx roy Gallaffres! Traytre es et soudoyans,
Tu (te) jūe[s] a ma niepce qui a ty est songnans.
Mais par celui Mahom en qui je suis creans,
15 Ne m'en departiray tant que soie(z) viuans,
Si t'auray a mon gré et trestout tes seruans.«
»Sire«, se dist Hulin »ne soiés esmayans;
18 Car nous le destruirons, ains que passe longc tamps!«
»Garinet«, dist le roy »vous estes moult vaillans
Et en grandes batailles fiers et entrepre[n]dans,
21 Vous estes plus doubtés que tout le remanans,
Et se Mahom ce dūne, que soie conquestans,
Je vous ay en conuent, que n'i scrés perdans.«
24 Adoncques se logerrent sur le pré verdoyans,
Et li fors roys Gallaffres estoit o ses Perssans,
Si a dit a [Gerames]*: »Vous estes moult poissans;
27 Car hui l'aués bien fait encontre mes nuisans.«
»Sire«, se dist G[allaffres]* »mes corps vous regrassie, [CLXXIX
Pour le vostre proësse et vo ch'lrie
30 Je vous feray hōneur et ossi courtoisie.«
»Sire«, se dist Gerames »scaués, que je vous prie!
Ne laissiés desarmer la vostre barōnie,
33 Ains soient reposés en loeur(s) herbergerie
Et si aient beü de ce bon vin sur lie
93 r 1 Et vne soupe en vin trestout par compaignie.
Et ja u mienuit, quant l'ost sera logie
3 Jsterons toux ensamble de la chité garnie
Et si loeur courrons sus baniere desploye.
Ilz sont mat et lassés, loeur char ont trauaillie,
6 Gardo ne se donrront, c'on loeur face enuaye.
Ainsy les destruirons a doeul et a haquie;
Et s'ainsy vous nel faittes, vous ferés grant folie.
9 Jl se renforceront ains xve acomplie,

26. galla. 28. Gerames. 1. *Vgl. O. Müller, Die tägl. Lebensg.* 209.

Si ne les destruirés jamais jour de vo vie.«
»Par mou cief«, dist li roys »pas ne dittes follie,
12 Tout ainssy le feray, mon corps le vous affie.«
Lors le fist cōmander sans faire longe detriee
Sans mener celle nuit ne noise ne criee.
15 Le gent o roy Gallaffre dont vous voy deuisant   [CLXXX
  Reuont a loeur logis, si se vont appointant
Cy xl cy vint cy x en vng tenant,
18 La bouuent et menguent, si se vont frequissant
Par le consel Gerame le vieux chanu ferant.
Les pluseurs Sarrasins l'aloient maudissant;
21 Car jlz estoient moult lassés et recreant.
Tout droit a mïenuit que li co(rp)s vont cantant
Jasirrent d'Aufalerne, tout ainsy que deuant
24 Deuisé jlz auoient au fort roy soudoiant;
C'adoncq n'i ont laissiét penoncel apparant.
Tout vont encontre terre adoncques apportant,
27 Et les gens Yvorim vont laisdement criant
Et vont par le campaigne honteusement fuiant,
N'en portent armeüres ne haubert jaserant
30 Robbe ni aucqueton, nus furrent li auquans.
Et quant roy Yvorim s'en va apperceuant,
Sierges fait alumer, si se vont assamblant
93 v 1 Paiens et Sarrasins qui la vont haut criant:
»Ay roy Jvorim, n'alés plus arrestant!
3 Se vostre vie aimés, mettés vous a garant;
Car vostre ost est perdüe et deriere et deuant!«
Quant Yvorim l'oït, si mua son samblant,
6 Mahom et Appolin va fourment maudissant,
A iceste parolle monta sur le bauchant,
A la fuite se mist contre val vng pendant
9 Et regrette sa perte et son dōmage grant.
Et quant Hulin perchoit Yvorim le Persant
Qui se mist a la fuite sur le pré verdoiant,
12 Auoeucq les Sarrasins s'en est alés fuiant.
Sur le port de la mer ont trouué vng calant,
Auoeucq xxx payens fust en la mer entrant,
15 De coeur reclame dieu, le pere tout poissant:
»Ay belle Esclarmonde que mon corps aime tant,
Jamais ne vous verray en jour de mon viuant.
18 Or estes vous subiette auoeucques l'amirant,
Or poeult faire de vous son bon et son cōmant,
Or ne scay je que faire. Vray roy de Beth(e)lean,
21 Voeullés moy secourir par vo digne cōmant,
Affin que li mien corps ne se voist desperant!«
Tel dollour ot li enffes, que la se va pāmant;
24 Li Sarrasins cuidoient, qu'i s'ala dolousant
De le perte Yvorim, se le vont confortant.
Li gentilz Sarrasins qui firrent a doubter   [CLXXXI
27 Confortent Hulinèt qui faisoit a amer;
Mais Hulin li gentilz ne se polt conforter,
Ains a dist a son coeur, c'on nel poeult escouter:
30 »Ay Auberon sire, or vous doy peu amer
Qui m'aués pour si peu si fait deshōnourer.

Jamais en doulce France ne porray retourner,
33 Ne me riche lignie veoir ne regarder,
Ne men frere Gerart ne me mere o vis cler;
94 r 1 Car j'ay perdu Gerames qui ja soloit garder
Le burbe que je deus a Charles presenter,
3 Les iiij dens ossi qui furrent maceler.
Vous reessamblés celui, o vray considerer,
Qui toute jour voeult ja son compaignon porter
6 Et au vespre le va en vne yaue jester.«
Dont cōmenca li enffes tendrement a plourer;
Mais s'il scauoit, scachés, ce qu'il a apporter,
9 Jl jroit tout rabis saillir dedens la mer;
Car on ne vous porroit dire ne recorder
Ce que souffrir conuint l'enffant et endurer;
12 Car ainssy qu'il nagoit o lui les xx Escler,
Cōmenca vng orage si tresfort a leuer,
Qu'i fist et voille et mat en vng mont crauēter.
15 Et quant Hulin perchut tel oultrage sur mer,
Dieu et sa doulce mere a prins a reclamer,
Dont dist: »Vray dieu de gloire qui tout a a sauuer
18 Qui se laissa en crois ficher et atacher
Sur le moult (!) de Caluayre traueiller et pener,
A ce coup voi je bien, que c'est cy affiner,
21 Que jamais je ne puis de la mort eschapper.
Or vous pri, que voeullés mon ame corōner,
Lassus em paradis vo glore deffremer.
24 En gré rechois la mort, bien le doys endurer,
Līement et de coeur sans point de contrester;
Car je n'ay en ce siecle fors que mal apporter,
27 Et s'ay perdu ossy Esclarmonde o vis cler,
La belle la plaissant qui tant fait a louer.«
Ainssy disoit li enffes qui bien cuidoit finer,
30 Et li vaisseaulx se prent tellement a singler,
Que plus de deux cens lieues alerrent en la mer
94 v 1 Hors de loeur droit cemin ou voloient aler.
En vers la mer d'Illande cōmencent a nagier,
3 A vne matinee après solail leuer
Alerrent grant nauire veoir et regarder.
C'estoit li roys Gorhans qui tant fist a doubter
6 Qni le terre d'Illande auoit a gouuerner,
A xxᵐ paiens qu'il ot fait adouber
Venoit le roy Gallaffre aidier et conforter
9 A l'encontre Yvorim qui le voloit greuer;
Car li fort roy Gallaffres dont j'ay volu compter
Estoit oncles Gorhans dont m'oés deuiser,
12 Si l'auoit fait piessa par messages mander,
C'au besoing lui venist aidier et conforter
A l'encontre Yvorim qui le voloit greuer
15 Et pour celui voloit bel secours amener,
Le vaisseau Hulin firrent adoncq avirōner,
Si loeur vont escriant: »Ou debués vous aler?«
18 Et Sarrusins s'escrīent: »Voeuillés nous adresser!
Orages nous a fait cy endroit assener,
Nous sōmes de Monbrancq a Yvorim l'Escler.

21 »Par mon cief«, dist Gorhans »ne poés eschapper ;
S'Ivorims estoit cy qui vous a a garder,
Errâment lui feroye le cief du bu seurer,
24 Tout l'auoir de ce monde ne le porroit tenser.«
Adoncq les fist trestoux et prendre et acoupler,
Les poins loeur vont liant et les deux yeulx bender.
27 Or a li enffes Hûe plus de maulx a porter,
C'onques mais lui fausist souffrir ni endurer,
Toudis de pis em pis lui fault son tamps vser.
30 Bien lui dist Auberon, quant jl deust desseurer
Et jl lui deffendit la belle a violer,
S'i passa son cōmand, dont lui fault comparer.
95 r 1 Or est Hulin li ber a guise de prison   [CLXXXII
Loiés et acouplés, cōme on fait vng larron.
3 Et quant li roys Gorhans en sceult l'establison
Et cōment le sien oncle qui Gallaffres ot non
Desconfist Yvorim qui creoit en Mahon,
6 Adoncq deuers Jllande fist tost repairison,
Si en mainent les xxx dont je fais mencion.
Jusques au port d'Illandre ne font arrestison,
9 Droit a vne cyté de moult belle fasson
Sont arriués payens Perssans et Esclauon.
Seƴneurs, celle chité Terrascōne a a non,
12 Li riche roy Gorhans qui croit em Baraton
La tenoit son tinel et son establison. •
Pour monter o palaix descendit o peron,
15 Sa mouller et sa fille vont contre sa fasson.
Belle estoit la pucelle, Callisses auoit non,
N'ost plus belle de luy en trestout le royon,
18 Et si creoit en dieu qui souffrit passion
Par certtain examplaire et d'inspiration
C'avenûe lui fust par vne aduision,
21 Si auoit crestīens layens en sa prison
Qui estoient estrais du roialme Charlon
Et bien an et demy orrent esté prison
24 En vne grande chartre en grant quetiuison.
La aloit la pucelle oïr le mension
De la loy Jhūcrist et de sa passion,
27 Si auoit vray acort et vraye jntencion
De ces frans crestīens faire deliurison
Et venir auoeucq jaulx en France le royon
30 Et faire baptisier par bonne jntencion.
Segneurs, ces crestiens dont je faix mencion
95 v 1 Estoient de Bordiaux, hōme furrent Huon.
SEgneurs, ces crestīens dont je vous voy parlant [CLXXXIII
3 Estoient de Bordeaux sur Gironde seant,
Hōme o vassal Huon qui le coeur ot dollant
Et a sa mere ossy qui ja fust definant
6 Pour l'amour de Hulin c'ainsy le fust laissant.
Quant elle sceult le fait de Hulin son enffant,
C'oultre mer deust aler moult s'en fust dolousant;
9 Ossi tost qu'elle sceult de son filx le conuent
Que Charles lui fist la em Paris l'auenant,

La fust a dix bōmes* la dame cōmandant,
12 C'après Hulin alessent sans estre arrestant,
Si loeur donna la dame rouge or et argent blanc,
Si loeur dist et pria en l'hōneur dieu le grant,
15 Que jamais jl ne fussent jla point repairant,
Si aront retrouué Hulin le sien enffant.
Or auoient esté mené par le vent grant
18 Dedens celle chité que je suis deuisant.
Em prison furrent toux les dis bons crestīen;   [CLXXXIV
Mais jcelle pucelle dont je fais parlement
21 Les auoit soubstenus et dōné largement
De canqu'il loeur faloit a loeur cōmandement,
Si sauoit loeur estat et loeur demainement,
24 Et pour quoy ilz estoient hors de loeur tenement
Pour querre loeur segneur dont jl furrent dolent,
Si l'orent tant prisiés et loés haultement,
27 Recordé sa beaulté et son grant hardement,
Que chelle l'enamoit a son coeur tellement
C'au[s] crestïens auoi(en)t fait vng acordement,
30 C'avoeucq jaulx en vendroit assés prochainement.
Et jl orrent juré ossi parfaittement,
C'on lui monstreroit Hüe o fier contenement,
96 r 1 S'il estoit en vng lieu c'on peuist bōnement
Parler o corps de luy ainsy ni aultrement;
3 Car pour son bon renom l'amoit entierement.
Or le verra la belle assés prochainement;
Car li fort roy Gorhant qui o perron deschent
6 Monsta en son palaix tost et jsnellement,
Si fist les prisōniers la mener em present
Pour scauoir loeur estat et qui sont loeur parent
9 Pour jaulx a renchōner et pour scauoir, cōment
Chūn vorroit finer envers lui proprement.
Et jl ont respondu a luy si doulcement,
12 Qu'ilz furrent receüs par my loeur serement
Et ossi que chascung ala hurter o dent*,
Qu'a vng droit propre jour sans nul defalement
15 Aroient tout a lui fait certtain payement.
Quant jl vint a Hulin, si lui dist haultement:
»Et toy que voeus tu faire? tu as fin grandement;
18 Car je te vis armés tres bien et noblement,
Le tien estat doibt bien, que paye[s] largement.«
»Vassaulx«, se lui dist cilx qui d'Illandre fust roys [CLXXXV
21 »Tu es a Yvorim, se me samble, courtois,
Tu fineroye[s] bien d'argent ton contrepoix.«
»Sire«, se dist Hulin »n'ay pas vng seul tournois,
24 Je n'ay en ces parties qui vaille iiij nois,
Ains suis vng saudoyer Yvorins li courtois.
Se scachés, que suis nés droit du pays francois
27 De Bordeaux sur Gironde, nés y fus vne fois
Et en suis souuerains voire, se c'estoit drois;
Mais tollüe le m'a Charlemaine li roys,
30 Banis m'a du pays dont au cocur suis destrois,

---

95 v 11. *Lyrische Cäsur unzulässig, bessere etwa:* La a dix hommes
fu. — 96 r 13. *Vgl.* 112 r 17.

Si vous prie pour dieu qui fust mis en la crois,
96 v 1 Que me trenchiés la teste a vng brancq vianois;
Car je l'ay deseruy, fait en ay les explois ;
3 Car dedens Babilone o palaix maginois
Ochis le roy Gaudisse par deuant ses Gregois
Et lui ostay sa barbe et des dens plus de trois.
6 Or m'en faittes morir, sire roys jllandois!
Car plus messant de moy ne verrés vous desmois,
S'ay plus chier a morir, c'a viure en tel destrois.«
9 Quant Calisse ouy du ber Hulin la voix
Qui se fist appeller Hulin li Bordelois,
Elle ot ouy de luy parler plus d'une fois
12 Et prisier, qu'il estoit et si beaux et si drois,
Or voit le grant beaulté du ch'lr courtois,
Lors le saisit amours et mist en tel esplois,
15 C'a soy meïsmes dist: »Vray pere beneois,
Vrayement m'ont dit voir li ch'lr Franssois.«
»Vray dieu«, dist la pucelle, la fille o roy Gorhant [CLXXXVI
18 »Vrayement m'ont dit voir les Franssois souffisät
Qui prisoient loeur sire dont voy cy le samblant;
Car oncques mais ne vis ch'lr si plessant,
21 Plus doulx, plus amoureux et plus entrepre[n]dant.
Or ne me prise mie le monte d'ung besant,
Se je n'ay son gent corps pour moy estre juant.«
24 Le demoisel Huon va fourment regardant,
Et le fort roy Gorhant s'aloit lors conseillant,
Cöment se maintendroit de destruire l'enffant.
27 Et la belle Callisse va le coulour muant,
Et Hulin d'aultre lés va la belle auisant
Et la beaulté de luy en va jmaginant,
30 A soy meïsmes va li enffes deuisant:
»Vela belle pucelle et de doulx conuenant!
97 r 1 Elle est bien ossi belle selon mon ensiant,
Cöme Esclarmonde estoit que j'ay amee tant.
3 Pleust ore a dieu de glore, le pere tout poissant,
C'auoeucques lui je fusse a Bordeaulx la deuant!«
Or oiés de la belle, dont s'ala pourpensant!
6 Pour ce qu'elle s'aloit moult durement doubtant,
C'on ne trenchast la teste a Huon le vaillant,
A vng Sarrasin vint ou moult s'ala fiant
9 Qui conseillier estoit son pere roy Gorhant,
A ung conseil le mist et lui dist en oiant:
»Jl ochist roy Gaudisse en son palaix luisant,
12 O chastel Orgueilleux conquist jl le gaiant
Et son frere Agrappart sur le pré verdoiant,
Jl n'a tel ch'lr en ce siecle viuant,
15 Et jl est cy endroit grande guerre apparant
Du roy de Cornuaille a mon pere Gorhant,
Jl l'a fait deffïer en son palaix luisant,
18 Se sömes cy endroit vng grant siege attendant
S'auons moult bon mestier d'ung vassal si vaillant
Qui voit en la bataille son corps auenturant.
21 Conseillés ceste chose et alés bien monstrant!
Aparillés vous sout de fin or cent besant.«

Dont dist li Sarrasin: »Vous alés bien parlant.«
24 Dont vint em parlement ceste chose monstrans
Et o conseil du roy fist le Sarrasin tant,
Que le roy cōmanda tost et jncontinant,
27 C'on mesist en sa chartre Hulin le souffissant
Auoeucq les crestïens qu'il auoit tenu tant.
Quant Hulin oīt che, s'en ot le coeur dollant,
30 Mieulx amast a morir trop s'ala desprisant.
Et Sarrasin le vont vistement desarmant,
En l'auqueton remest de soye reluisant,
97 v 1 Droit fust et aligniés, quant fust en son estant,
Moult le va la puchelle en son coeur goulousant.
3 MOult estoit Hulin beaux gracïeux et faittis,   [CLXXXVII
Beau piet et belle jambe hault et droit et massis,
La barbe lui pendoit s'auoit les jeulx traittis
6 Et plus vairs, que ne soit vng espreuier jolis.
Quant le voit la pucelle, si dist: »Dous Jhūcris,
Com belle creature, bien fourmee a deuis!«
9 »Ay Huon«, dist elle »vous serés mes amis,
Or est venus le jour et li tamps acomplis
C'auoye desiré de veoir vostre vis,
12 Bien me debués amer, demoiseau segnouris;
Car voir, se je ne fusse, mors fussiés et ochis.«
Dont ont les Sarrasins errāment l'enffant prins,
15 Venus sont a la fosse, le danseau j ont mis.
Noir fist dedens la chartre, le lieu fust obscurchis.
Quant Hulin fust aual, si com je vous deuis,
18 Jl n'a ame veü si n'i a riens choisi,
A haulte vois s'escrie: »Dieu, pourquoy suis je vis,
Et quant verra le jour, quant je seray fenis?«
21 Quant ses hōmes l'entendent, ilz ont a raison mis:
»Vassaulx, qui estes vous, c'auoeuc nous es flastris?«
»Vassaulx«, se dist li enffes »je suis le plus quetis
24 Qui oncques fust o monde ne c'aujourdhui soit vis.«
»SEgneurs«, ce dist li enffes »Jhūs vous benaye! [CLXXXVIII
Or n'i a plus dollant en vostre cōpaignie,
27 Cōme je suis par dieu, le filx sainte Marie.
A la vostre raison estes de ma partie,
Bien aués le langage de ceulx de ma lignie.«
30 Dont dist li vng des dix: »Par le corps saint(e) Elie
Bien parlés le langage, ne vous cōgnoissons mie.
De quel terre estes vous, ne de quelle partie,
33 Qui vous a amené en terre payennie?«
98 r 1 »Par foy«, s'a dist Huon »vne grant diablerie
Et la quetiuité que j'ay toute ma vie.«
3 »SEgneurs«, se dist Huon li preux et li senés   [CLXXXIX
»Dittes moy, qui vous estes, ne de quel jretés!«
Dont dist vng ch'lr qui Gaultier fust nōmés:
6 »Nous sōmes de Bordeaulx qui est bōne cytés.«
»De Bordeaux«, dist Hulin »ossi j fus je nés,
Se droit alast par terre, j'en fusse dus clamés,
9 Je suis li filx Seguin, Hulin suis appelés.«
Quant cilx l'ont entendus, ason se sont leués,
Adoncq de toutes pars fust li dus acollés,

12 Se lui ont dit : »Chier sire, vous soyés bien trouués!
Nous sūmes vostres gens.« Dont s'est chūn monstrés,
Adoncq les baisa Hñe li demoiseaux loés,
15 Dont demanda, qui la les auoit assamblés.
»Sire«, se dist Gaultier »de par moy le scarés.
Quant Charles le fort roy de France courōnés
18 Commanda, que fussiés de sa la mer passés,
Vo mere la duchoise ou grande est la beaulté
En ost au coeur tel doeul, c'est fine verités,
21 Qu'elle nous cūmanda, que nous fussions alés
Tant par terre et par mer, que vous fussiés trouués
Et que de nous fussiés aidiés et confortés.
24 Jey nous amena vng vent et vng oré,
Li roys Gorhans d'Illande nous a emprisōné.«
»Hellas segneurs«, dist Hūe »or est mon tamps finés,
27 Jamais ne rentreray dedens mes hiretés,
Ne plus ne reuerray mes bons amis carnés,
Or suis mors et perdus sans estre recouurés,
30 Je vous prie pour dieu vo mors me pardōnés;
98 v 1 Car a ce que je voy pour moy icy morrés.«
Dont souspira li enffes, si est cheūs pasmés,
3 Oncques mais homs ne fust si tres desconfortés.
Hūes fust en la chartre ou moult se tourmēta,   [CXC
A ses hōmes a dit, que riens ne loeur cella,
6 Toutes les aduentures que lui avint de la,
Et cōment Auberon ens ou bois le trouua
Et le cor de miracle par amours lui dōna
9 Et le hanap faé c'assés vin lui liura,
Et du haubert loeur dist c'au gaiant conquesta
Et du fort roy Gaudisse c'a ly si bien parla
12 Et sa fille Esclarmonde que par amours baisa,
Cōment le roy Gaudisse aussi l'emprisōna
Et puis pour le gaiant de le prison l'osta
15 Que deuant Babilone em bataille mata.
Puis loeur compte, cōment le sien beau cor sōna,
Et cōment Auberon a lui se soushesda
18 A lxm. hōmes c'auoeucq lui amena,
Cōment le roy Gaudisse ochist et affina
Et puis les iiij dens de sa bouce osta
21 Et la barbe ensement que Charles lui rouua,
Et cōment Esclarmonde par le mer ēmena,
Cōment se jut o lui, cōment le viola,
24 Et de la poureté que pour lui endura,
Cōment le menestrel sa harpe lui porta
Par desseure son col, cōment seruir ula
27 Le fort roy Yvorim qu'en guerre le menu.
»Segneurs«, se dist li enffes »par dieu qui tout crea
Jl n'a si meschant home de cha mer ne de la,
30 Que je suis propreinent dont bien jl y perra,
J'ay perdu la plus belle c'onques dieu estora,
C'est la belle Esclarmonde que mon corps tant ama,
33 La doulce creature qui s'amour me donna,
99 r 1 Celle qu'en Babilone en chartre me sauua,
Celle qui est tant belle, point de pareille n'a

  3 Fors seul vne pucelle c'or ains me regarda,
     C'est la fille du roy c'ainsy atrappé m'a.«
     »Sire«, dïent ses hōmes »ne vous esmayés ja!
  6 Jl a vng an passé, que conuoittiet vous a,
     Bien scauons, que vo corps piessa enamet a.«
     »Sire«, dïent ses hōmes a Hulin le princer   ⌊CXCI
  9 »Ycelle demoiselle fait fourment a priser,
     Jl a vng an passé par dieu le droitturier,
     Qu'elle a de vous oy parler et desclairier.
 12 En France le debuons mener pour baptiser,
     Nous lui auons volu vostre estat denōcer,
     Si vous prions pour dieu qui tout a a juger,
 15 Que s'elle viengt ceans, que l'aliés embrasser
     Et que vous le voeullés acoller et baisier;
     Car, se vous le volés envers vous acointtier,
 18 Ne serons longuement point ycy prisōnier.«
     »Segneurs«, se dist Huon »bien le voeul ottroyer.«
     A jcelle parolle est vous* le charetrier!
 21 Auoeucques la pucelle est entrés ou celier,
     Dont se sont toux leués li gentilx ch'lrs
     Et vont la demoiselle doulcement festīer,
 24 Et Hulin fust tous quoys sans lui point a bougier;
     Car tel doeul ot o coeur, vif cuida erragier
     Pour le meschief dont voit son corps adōmagier,
 27 Et qu'ensement se voit par fortune abaissier.
     Si cōme la pucelle entra en la maison   ⌊CXCII
     Auoeucq le char[e]trier* qui Priant auoit non,
 30 Qui li portoit vng sierge par deuant sa fasson.
     La belle regarda entour et environ,
99 v1 Si voit le demoisel qui ot a nom Huon
     Qui en son coeur estoit en tribulation.
  3 Dont parla la pucelle a moult haulte raison,
     Se dist o demoisel sans nulle arrestison:
     »Sire, frans demoiseaulx, dressés hault le menton
  6 Laissiés ester vo doeul et vo confusion;
     Car se croire volés la mienne jntencion,
     De la prison serés mis a saluation.«
  9 Adoncq se dressa Hūe qui coeur ot de lion
     Se lui dist: »Demoiselle, dieu vous fache pardon!
     J'auroie bien mestier par le corps saint Simon,
 12 C'ō me feïst aïde par aulcune ocquoison;
     Car oncques je n'eux bien en nesune saison.
     Mais quant jl plesra dieu qui souffrit passion,
 15 Tost m'aura amendé ma grant perdition,
     Cy endroit ay trouué gens de ma nassion
     Qui pour moy ont souffert anoy et cuisenchon,
 18 Mal me donnasse garde, cy fusse[nt] mi baron.
     Or m'ont de vo gent corps fait amentassion,
     Que vous aués en vous ferme condition
 21 De croire en ce segneur qui souffrit passion
     Et sa tresdoulce mere, par auocation (!)

---

99 r 20. venus. — 29. Vgl. 99 r 20, 100 v 29, 101 r 4 f., 13. 24: charetier.

Print en virginyté vraye jncarnation. (!)«
24 »**B**Elle«, se dist li enffes »vous soyés bien venüe!   [CXCIII
   Puis que creés en dieu, la vierge absolüe,
  Cy suis en vo prison ou men corps s'en argüe,
27 Certtes ce poise moy, dame, c'on ne me tüe;
  Car jl n'a si meschant, je croy, dessoubz la nüe.«
  »Demoiseaulx«, dist la belle »la saison est venüe,
30 Que deliure en serés, si en ferés jssüe,
  Voire, se vous volés, sans faire aresteüre
  Obayr voeul a vous, je voeul estre vo drüe
33 Et voeul, que me menés en France l'absolüe.
100 r 1 Et quant en fons seray baptisïe et tenüe,
  Je voeul, que me jurés de vo bouche menüe,
3 C'a segneur vous auray et je seray vo drüe
  Et a vo volenté me suis toute rendüe.
  Scachés, que piessa ay desiré la venüe
6 Pour la haulte valeur qui est ramenteüe!«
  Et quant Hulin l'oït, tout le sancq lui remüe,
  Esclarmonde la belle lui est o coeur venüe,
9 A soy meïsmes dist: »Doulce vierge absolüe,
  Ne voeullés consentir, que m'ame soit rendüe
  Au felon Sathenas qui de pechier m'argüe!«
12 **Q**uant Hulin oit la belle qui lui monstre et aprent, [CXCIV
  Coment jl jstera de cestui* grant tourment,
  A soy meïsmes dist basset et coyement:
15 »Beau sire dieu poissant a qui li monds apent,
  Je ne puis eschaper de cy nesunement,
  S'a ceste demoiselle ne fay le sien tallent.
18 Dont le me convient jl auoir a conuenant,
  Se je voeul eschapper de cest encombrement.«
  »Dittes vostre voloir tost et appertement!«
21 »Demoiselle«, dist Hüe qui parla sagement,
  »Verité vous diray par le mien ensïent;
  Mais je tendroye a fol moult oultrageusement
24 Qui vous refuseroit a faire vo tallent;
  Car le grande biaulté qu'en vo corps se comprent
  Vault tant, c'on ne porroit en tout le firmament,
27 Auoir plus beau tresor que vo corps proprement,
  S'estes fille de roy estraitte de grant gent.
  Dame j'obayray a vous entierement
30 Pour viure et pour morir a vo comandement.«
  Lors le va acoller, et celle s'i assent,
100 v 1 Si a dit a Priant: »Amis, alés vous ent
  Et faittes a menger aporter prestement!«
3 La fust Hulin li ber serui moult noblement,
  Se le mena la belle auoeucq lui sagement
  En sa chambre qui fust painturee a argent,
6 La cuida de Hulin o fier contenement
  Auoir sa volenté et son deuisement.
  Mais Hulin lui a dit assés courtoisement:
9 »Belle, je suis a vous du coeur diligâment,

---

13. *Hs.*: crestin.

Or vous prie pour dieu a qui li mons apent,
Tenés moy excusé du tout entierement,
12 Se je ne voy vers vous plus trés hardïement; ˙
Car la loy crestïenne nous ensaigne et aprent:
Qui fait a Sarrasine carnel abittement
15 Jl defausse la loy et vers dieu se desment.
Mais se Jhūs ce donne, c'ayés baptisement,
A dame vous auray, je le desir fourment.«
18 Ensement ber Hulin la endroit s'excusa   [CXCV
 Pour l'amour Auberon que forment redoubta,
A soy meïsme dit, que la belle enmerra
21 Et se i'espousera, s'Esclarmonde ne ra;
Car bien pense a son coeur: jamais ne le verra.
A soy meïsmes dist, qu'i ne le raura ja,
24 Puis que le roy Gallaffre son voloir fait en a.
Ainsy Hulin li ber la endroit demoura,
Les aultres sont en chartre la ou les visita,
27 Tant que le roy le sceult a qui on le conta.
Quant la nouuelle sceut, tout le sancq lui mua.
Priant le charetrier tantost mandé jl a.
30 Et quant le roy le vit, isgnel lui demanda,
»Traytres«, dist li roys »morir vous conuiendra;
Quant les prison de France le mien corps vous liura,
32 Je vous disoie bien, c'on ne loeur portast ja
101 r 1 Seulement pain et yaue, ainsy le cōmanda
Le mien corps proprement; mais aultrement jl va,
3 Et donné loeur aués canques rouué on a.«
O le le charetier, tout le sanc lui mua.
Quant le charetrier sceult, que son sire scauoit,   [CXCVI
6 Cōment les prisonniers de France visitoit,
Or ne scet jl que dire, durement s'esmayoit,
Mais le roy lui a dit, que pendre le feroit.
9 Adoncq jsnellement a ses gens cōmandoit,
C'on estoupast la chartre tellement laendroit,
Que toux les crestïens que tant tenus auoit
12 Estaindissent la nuit; car ainsy le voloit,
Et le sien charetrier auoeucq jaulx envoioit.
Hulin fust [tres] heureulx de ce qu'i n'i estoit;
15 Car par dedens la chartre crestïen[s] n'i auoit
Que l'endemain matin ne fussent mort tout froit.
Et quant Hüe le sceult, si dollant en estoit,
18 Qu'i detordoit ses mains et ses cheueulx tiroit,
De coeur piteusement ses amis regretoit,
Et Calisse la belle fort le reconfortoit.
21 Ainsy le roy Gorhant des crestïens faisoit.
Ainsy le roy Gorhant ouura, que je vous dj: [CXCVII
24 Les vaillans crestïens en sa chartre estaindj,
Priant li charetrier j fust estain ossy,
Oncques o roy Gorhans le certain ne jehy
De Callisse la belle c'a no loy s'assenty,
27 Ne du vaillant Huon qu'elle ama et chierj;
Car quant en la prison a no gent s'embaty,
Bien cuida eschapper, mais a ce j faillj;
30 Car le roy cōmanda, que tost fussent perj.

Oyés de la pucelle qui fourment s'enhardj!
En la propre sepmaine, droit a vng samedy
101 v 1 Appresta pour Huon et armes et ronchy,
Vng pou deuant le jour s'en ala auant luy.
3 Callisse la pucelle dont je vous voy parlant   [CXCVIII
Appresta pour Hulin vng bon destrier courant,
Elle meïsmes va auoeucques lui montant.
6 A la voye sont mis droit a l'aube creuant,
De la chité jssirrent as esperons brochant.
Mais vne camberiere en sceult le conuenant,
9 Deuers la chambre o roy est alee* courant,
Vint a l'uis de la chambre et puis j va buscant,
Tant fist c'au roy s'en vint, si lui dist em plourant:
12 »Ay sire,« dist elle »trop me voy esmaiant
De vo fille Callisse o gent corps auenant;
Car trés deuant le jour que je vis apparant
15 Je vis, qu'elle montoit auoeucq lui vng sergant.
Ne scay, ou elle va, mais trop me voy doubtant,
C'auoeucq vng crestïen ne s'en voit ceminant «
18 Quant le roy l'a oït, s'en a le coeur dolant,
Adoncq jsnellement se leua en estant
Et puis a cōmandé, c'on se voit adoubant
21 Et que les sarrasins voisent briefment montant.
Dont vont les sarrasins jsnellement jssant
Et vont après Huon jsnellement courant.
24 Et Hüe ceuauchoit qui le coeur ot joiant,
Mais temprement l'aura courouchet et dollant;
Car sarrasins s'en vont par la terre espandant
27 Et vont la demoiselle parmy les champs querant.
Droit a l'heure de prime vont payens percheuant
Callisse la puchelle et Hulin le vaillant
30 A loeur vois loeur aloient haultement escriant:
»Retournés, demoiselle, si n'alés plus auant!«
Et quant Hulin les oit, si se va retournant,
33 Ne fust mie merueille, s'i se va esmayant.
102 r 1 Quant Hulin voit payens après lui acourir,   [CIC
Adoncq se cōmanda forment o saint espir,
3 »Demoiselle,« dist jl »dieu nous puist benaïr!
Ca viennent sarrasins qui nous voeullent saisir,
Je croy, qu'i me vorront cy endroit assaillir.
6 Or voy, qu'i me conuient jcy endroit morir,
Ou de la nostre amour nous conuiendra partir.«
Quant la pucelle voit les sarrasins venir,
9 Adoncq se cōmenca forment a apalir,
Tel meschief ot au coeur, ne se polt soubstenir
Et ne polt son ceual des esperons ferir.
12 Et quant Hulin le voit ensement maintenir,
Adoncq va la pucelle entre ses bras saisir
Et dessus son ceual le mest sans alentir,
15 Puis broce le cheual, grant sauls lui fait saillir.
Et la gente pucelle que dieu puist benayr
Lui a dit: »Ch'lr, ceuauchés sans faillir!

9. *Hs.*: ales.

4

18 Car s'en celle forest nous pouyēmes venir,
Tantost nous perderoient sans nous nē plus sieuir.«
»Sire,« dist la pucelle »pensés de nous haster! [CC
21 Car se par my ce bois nous poons ceminer,
La forest est si grande, quant on j voeult entrer,
Dedens deux jours tous plains ne le poeult on passer.«
24 Dont cōmenca li enffes fort a esperōner,
Au dos le vont sieuant sarrasins et Escler,
A loeur vois haulte et clere cōmencent a huër:
27 »Par Mahom, crestïen, ne poés eschapper.
Cuidiés vous ensement la pucelle robber?«
Et Hulin va brochant canqu'il poeult randōner;
30 Mais son cheual s'ala a vng perron hurter,
Si que la le conuint a la terre verser.
Adoncq s'ala li enffes jsgnellement leuer
102 v 1 Et va par my le corps la pucelle combrer;
Mais tel paour auoit la pucelle au vis cler,
3 Que de grande destresse le conuint la pamer,
Le coeur lui va faillant, ne poeult auant aler.
Ja conuenist Huon a payens demourer,
6 Quant le roy Auberon le vint la visiter,
Deuant Hulin affait vng hault chastel leuer.
Hulin a regardé le chastel bien fermé(r),
9 A vng trait près de lui vit vng chastel moult bel,
Adoncq en cōmenca Jhūcrist a loër,
Adoncq vers le chastel cōmenca a trotter,
12 Le pont trouua tout prest, par dessus va monter,
Puis ala vistement dedens la porte entrer
Auoeucques la pucelle que moult voloit amer.
15 Et quant Hulin fust ens, le pont a fait hausser
Et puis est vistement en la salle, ch'est cler,
Entrés auoeucq la belle que dieu voeulle sauuer.
18 La table trouua mise et tout prest le digner
Et le roy Auberon assis lés vng piller
Qui auoit en son cief la couronne d'or cler,
21 A magniere de roy s'estoit fait courōner.
Et quant Hulin le voit, lors le va encliner.
Quant Hulin regarda Auberon le vaillant, [CCI
24 Adoncq par deuant lui se va agenoullant
Et le roy Auberon lui a dit en oiant:
»Hulin, beau doulx amis,« dist jl »venés auant,
27 Scachés, se je ne fusse, mo[r]s fusses maintenant!
Bien aués fait penance de vostre peché grant.
Gardés vous de meffaire d'oresmais en auant,
30 Alés, si reprenés vo haubert jaseran
Que jadis conquestates a l'orgueilleux gaiant
Et le vostre hanap et le cor d'olliffant!
103 r 1 Je le vous rens, amy, et mès en vo cōmant.«
Et quant Hulin l'oït, le roy va merciant,
3 La pucelle lui va deuant lui asseant.
Dont prennent a mengier, moult le vont desirant,
Et quant sarrasins vindrent o chastel qui fust grant,
6 Moult durement s'en vont entre jaulx esmeruillant
Et dïent, c'onquos mais en jour de leur viuant

Jl n'auoient veü le chastel apparant.
9 Oultre s'en sont passés et Hulin vont querant
Et Callisse la belle qui le corps ot plesant
Et moult se vont enssamble durement meruillant
12 De ce, qu'en sy peu d'heure les alerrent perdant. ·
Et le noble Hulin va o chastel mengant,
Et le noble Auberon qui lui fust la rendant
15 Le sien riche hanap ou vin va habondant —
Touteffois c'on le va de tres bon coeur segnant —
Et se lui a rendu son bon cor d'olliffant
18 Et se lui fist vestir le haubert jaseran,
A boire et a mengier lui a fait venir tant,
Que la france pucelle s'en va esmeruillant,
21 Qu' iloeucques loeur aloit tant de mès apportant.
Or est Hulin li ber o chastel qui tournie   [CCII
Par le roy Oberon qui vint de faerie,
24 Hulin parolle a lui et de coeur s'umelie;
»A sire,« dist li bers »trop ay eü d(e)'hasquie,
Ains n'cult tant de meschief nuls homs qui fust en vie,
27 Je vaulsisse moult bien la teste auoir trenchie.«
»Hulin,« dist Auberon »c'est par vostre follie,
Vous aués follement passé me cōmandie.
30 Vecy vne pucelle que vous aués rauie!
Vous l'aués par amours acollee et baisie,
Or vous deffens droit cy, ne l'ayés atouchye
103 v 1 Et ne penssés a luy de nulle villōnie;
Car Esclarmonde aués a fēme fiancye
3 Et a la loy de dieu l'aurés vous nochoye,
Geü aués o luy par dedens la galie,
Elle est en Aufalerne, celle chité garnie,
6 La ou elle se garde cōme dame agensie.
Oncques le roy Gallaffres ne jut o luy nuittie,
Entendre lui a fait, qu'e[n] la mer ressongnie
9 Voa a Mahōmet que ne prise vne allie,
Qu'en deux ans n'aura ja a hōme compaignie.«
»**JJ**üe,« dit Auberon a la ciere senee   [CCIII
12 »Gardes celle pucelle, que n'ayes adesee,
N'abittes a son corps pour nesune riens nee!
Tu sces bien, que tu as Esclarmonde affiee,
15 Si couchas auoeucq lui en la grant mer sallee,
Dont tu ne poeuls auoir aultre fēme espousee.
En Aufalerne s'est bien justement gardee,
18 Et si scaches, qu'elle est de si vraye pensee,
Que trop mieulx ameroit, qu'elle fusist brullee,
C'a hōme nul viuant elle se fust dōnee;
21 Et tu l'a[s] ja si tost en ton coeur oubliee.«
»Sire,« se dist Hulin »par la vierge discree
Je pensay, qu'elle fust o roy tout accordee
24 Et qu'elle fust o lui ottroye et greee;
Mais puis c'au nom de moy se (!) s'est si bien gardee,
Loyaulx je lui seray, tant com j'aray duree.
27 Se ceste demoiselle que j'ay cy amenee
Estoit a nostre loy baptisie et leuee,
A mon pouoir seroit noblement mariee,

4*

30 Et me deuist couster le tiers de ma cōtree.«
  Quant la belle l'oït, s'est vers terre clinee,
  Et quant se releua, si s'est hault escriee,
33 »Ay sire,« dist elle »pour la vertu nōmee
104 r 1 M'aués vous ensement tray et vergondee,
  Quant je vous ay amé, jl a plns d'vne annee,
3 Et si m'aués conuent de vo foy cr[e]antee,
  C'a fēme m'auerés a mouller espousee?«
  »Belle,« s'a dist Huon a la brace quarree
6 »A ce roy cy endroit qui tant a renōmee
  Me conuient obaïr et faire sa pensee,
  Et se je ne le fay, ma dollour est doublee,
9 Jamais ne rentreray en France l'alosee,
  Si m'en ara rendu vne telle saudee,
  Que j'ameroye mieulx auoir teste coppee,
12 Que je fache jamais chose que me deuee.«
  »Hulin,« dist Auberon »c'est parolle scnee.«
  Ainsy sont demouré jusques a la vespree,
15 Chascung s'en va couchier, ainsy qu'i lui agree.
  Ainsy li ber Huon o chastel demoura   [CCIV
  Auoeucques Oberon a qui honneur porta,
 18 Deux mois tous acomplis jlloeucques demoura.
  Et udonc(ques) Auberon le congié lui donna.
  Quant Hulin deubt partir, a vng lés l'ēmena
21 Et par grant amistié au partir lui pria,
  C'a ceste demoiselle son corps n'abitast ja,
  Bien lui dist, s'i le fait, qu'i s'en repentira.
24 Et Hulin au partir lui dist et affia,
  Par la foy de son corps ja n'i atouchera.
  Hulin print son haubert, vistement l'endossa,
27 Bien scet, que tant qu'i l'ait, son corps ne perira,
  Le cors et le hanap mie n'i oublia.
  Toutesfois qu'i voeult boire et le hanap segnia,
30 Jl a du vin a boire, tant qu'il soushaidera;
  Et s'i sōne le cor, Auberon dist lui a,
  C'a lxm. hōmes, se dist, lui aidera.
33 Le chasteau se deffist, et Hulin s'en tournu,
104 v 1 Tout seuls en my les champs roy Auberon s'en va,
  Et Callisse la belle o Hulin cemina.
3 A piet s'aceminerrent vers le bois par de la,
  La gente demoiselle ber Hulin appella,
  Se lui dist: »Beau doulx sire, trop malement me va,
6 J'ay laissiet mes amis et ma terre de la;
  Quant je venrray en France o païs par deca,
  Je scay bien, que vo corps ja ne m'espousera,
9 Et je vous aime tant par dieu qui me crea,
  C'oncques fēme viuant tant ch'lr n'ama.«   [CCV
  »Hūe,« dist la pucelle »bien me doibt anoyer,
12 Quant je me voeul pour vous leuer et baptiser,
  Et vous ne volés mie le mien corps atoucher,
  Et puisque ne volés le mien corps nochoier,
15 Cōme vostre songniant me voeullés approcher;
  Car bien voy, que vo corps n'aray ja sans danger.
  Vous aués aultre amie que ne pōés laisser,

18 Et puis que je vous ay jetté hors de danger,
Que j'ay par mon enging et par bien exploittier
Fait vo vie sauuer et vo corps auancier,
21 Jl appartendroit bien, que j'euisse(s) loyer
Au mains de vostre bouce acoller et baisier.«
»Amie,« dist li enffes »tout ce debués laissier;
24 Car pour riens n'oseroye Auberon couroucer;
Car se j'abitte a vous, j'auray vng tel loyer,
Que j'aimeroye mieulx par dieu le droitturier,
27 C'on me feïst en l'heure la teste jus rongnier.
Je l'ay bien esprouué puis vng an tout entier,
Ne plaisse plus a dieu, que le puisse essayer.«
30 Quant la pucelle entent le demoiseau Huon   [CCVI
Qui ne voeult obayr a acomplir son bon,
Elle s'est aduisee d'une grant trayson
105 r 1 Dont ber Hulin aura si grande marrison,
C'oncques mais n'en ot tant, si com dist la canchon.
3 Elle dist: »O dansiaux, oiés m'intension!
Ou porrons nous auoir anuit herbegison?«
»Je ne scay,« dist li ber »si ait m'ame pardon;
6 Car je ne cögnois mie jceste region.«
»Am[i]s,« dist la pucelle »je scay vne maison
Jla oultre che bois dessus destre coron,
9 La endroit ay vng oncle qui tiengt la mäsion.
On l'apelle Escorffault, ainsi a jl a non,
Frere fust a ma mere que dieu face pardon,
12 Jl nous festïera de trés noble fasson.
Et lui feray entendre, que mourdreours larron
M'ont en che bois tollu mon destrier arragon,
15 Si en aurons des aultres a no departison.«
»Belle,« se dist li enffes »ne dittes se bien non.«
Lors sont mis au cemin a force et a bandon,
18 Ensamble s'aceminent sans faire arrestison.
Elle fust la journee et li solaux luisant,   [CCVII
Hulin fust o la belle qui le corps ot plesant,
21 Si faittement passa li demoiseau le tamps.
Et tant vont, qu'ilz perchurrent le chasteau qui fust grant
Ou Escorffauls estoit qui estoit mescreans
24 Qui oncle fust Calixe qui le corps ot plesant.
De si jusqu(es)' o chastel n'est Hulin arrestans,
Escorffault fust alés au gibier sur les champs.
27 Et Hulin qui estoit de corps moult souffissans
Est entrés o chastel, s'a trouué les sergans
Qui festïent la belle et le sont bienvegnians.
30 Ens o chastel auoit ses oncles .IIII. enffans
Qui la belle Callisse furrent moult honnourans;
Car loeur cousine estoit germaine atenans.
105 v 1 O chastel Escorfault est Hulin li gentilx   [CCVIII
Qui bien fust festïés des grans et des petis
3 Pour l'amour de Callixe, la belle o le cler vis.
Atant es Escorffaux auoeucques ses subgis!
Quant jl percut sa niepce, au col lui est saillis,
6 Se lui dist: »Bienvegniés, niepce, en chest pays!
Que fait li roys vo pere qui bien est mes amis?«

»Oncle,« dist la pucelle »jlla guerre o pays,
9 Le roy de Cornuaille l'a de guerre entrepris,
Pour ce m'a enuoyé le roy en ce pourpris.«
»Niepce,« dist Escorffaux, li payens maleïs
12 »Liés suis, quant je vous voy; mais moult suis esbahis,
C'a sy peu de maignie est vo corps cy vertys.«
»Oncle,« dist la pucelle »on m'a mes gens murdris,
15 Moy et ce ch'lr qui est preux et hardis
En sōmes eschappés, trop fust grans li perils.«
A jceste parolle sont au disner assis,
18 Moult fust Hulin li ber hōnourés et seruis,
Tout a sa volenté lui a on les mès mis.
Quant vint après souper, que menger fust falis,
21 Dont se sont deportés [et] de gabs et de ris.
Quant vint après souper, c'on deult aler couchier,   [CCIX
  Callisse, la puchelle, s'est alés apoyer
24 Droit a vne fenestre qui siet sur vng vergier,
Et puis appella Hüe, le noble ch'lr,
»Demoisel,« dist la belle »plus ne vous voeul nïer
27 Ce que j'ay sur le coeur, si scarés mon cuidier.
Mon corps aués jetté hors de mon hiretier
Et m'euistes conuent de moy prendre a moullier,
30 Et je me voy par vous durement cu[r]uchier.
Se vous n'acomplissés tout le mien desirier,
Je vous deseruiray vng si crueulx loyer,
33 Que g'iray a mon oncle et dire et prono[n]cher,
106 r 1 Que vous volés mon corps trahir et enguigner,
Par quoy jl vous fera trayner et noyer.«
3 Et quant Hulin oït la pucelle plaidier,
Adoncq se cōmenca forment a esmayer,
»Ay belle,« dist jl »pour dieu vous voeul prïer,
6 Que vous ne me voeullés de tel fait approcer;
Car tourner me porroit a mortel ecōbrier.«
»Ay trés doulce amïe,« se dist Huon le vray   [CCX
9   »Je vous prie pour dieu qui fist la rose en may,
Que vous ne me voeullés faire nient pis que j'ay;
Car se je fais vo gré, tant de maulx en auray,
12 Que jamais le mien corps deliure je n'aray.
Je l'ay bien esprouué, ainsy que dit vous ay.«
»Amis,« dist la pucelle »je ne m'asentiray,
15 Que plus voise anoeucq vous, se l'amour de vous n'ay;
Mais se faittes mon gré, je me baptiseray,
Et se vous ne le faittes, en ce point demourray.
18 Se pour vous suis dampnee, je en demanderay,
Au jour du jugement je vous accuseray.
Or soyés auisés; car se mon voloir n'ay,
21 A* Escorffault, mon oncle, tellement parleray,
Que vous porrés bien dire enfin : ay luy a hay.«
»Belle,« se dist Huon »ja n'i obayray.
24 Faittes vo volenté! Car plus ne menterray,
Ne jamais le conuent nuls jours je ne fuurray
D'Auberon monsegneur a qui conuent je l'ay.

---

106 r 21. *Hs.*: la.

27 J' ay esté escaudés, le feu redoubteray.«
  Quant la pucelle oït, que Huon nullement   [CCXI
  Ne se voeult acorder a son cōmandement,
30 De Hulin s'est partie par moult grant maltalent,
  A son oncle s'en vint tost et jsnellement,
  »Oncle,« dist la pucelle »jl me va malement,
106 v 1 J' ay cy vng ch'lr d'estrange tenemēt
  Qui tant m'a enchantee par son enchantemēt,
3 Que je laiesay mon pere qui a le coeur dollant;
  Et se m'en doibt mener en France droittement.
  Or vous pri pour Mahom ou je croy fermement,
6 Que de ce ch'lr me faittes vengement.
  Eu prison le mettés, s'i vous viengt a talent,
  Et puis o corps mon pere en faittes le present!
9 Car j l'aimera mieulx c'or fin ne nul argent.
  Vous estes le mien oncle, se scachés vrayement,
  Si ques vous me debués garder moult loyalment.«
12 Quant Escorfault l'oyt, a peu d'ire ne fent,
  »Ay garce,« dist jl »Mahōmet vous crauent,
  Quant vous vo[us] demenés si trés villainement.«
15 Adoncq fist sa maignie armer jsnellement,
  Si s'en viengt en la chambre Hulinet o corps gent
  La ou Hulin li ber dormoit moult doulcement;
18 Mais jl fust resueillés adoncq moult laidement.
  Si com Hulin dormoit en la salle pauee.   [CCXII
  Atant es Escorffault et sa gent adoubee!
21 Et Escorffault lui va criant a la volee:
  »Lesre, vous j morrés, n'i a mestier celee,
  Mal aués cy endroit ma niepce amenee,
24 De malheure pour vous l'aués tant enchantee,
  Mar le volés mener en France l'alosee;
  Car mais ne rentrerés en la vostre contree,
27 Ains le comperrés cher, vostre vie est alee.«
  Quant Hulin l'entendit, s'a la chiere leuee,
  Se dist: »Sainte Marie, roïne courōnee,
30 Bien voy, c'amours de fēme n'est qu'estoupe alumee.
  E Esclarmonde amie, a bien fussiés vous nee,
  Je n'ay mie en vo corps tel faulseté trouuee,
33 Bien doibt en toux estas preude fēme estre amee.
  Segneurs, pour cely dieu qui fist la mer salee
107 r 1 Aiés pitié de moy, s'i vous plaist et agree!
  Bien voy, que me deffence ne m'y vaudroit riens nee,
3 A vo cōmant vous est la char de moy liuree.«
  Dont se rendit a jaulx de ciere moult jree;
  J l'ont prins et saisis sans nulle demouree,
6 Puis ont mis le dansel en vne tour caree.
  Jlloeucq fist ses regrès a chiere tourmentee,
  »A Auberon,« dist jl »homs de grant renōmee,
9 J'ay cuit (? crut) vostre conseil et la vostre pensee,
  Et si est maisement anuit ma chose alee.
  Or ne scay je, cōment ma char auoir menee:
12 Se je fays loyauté, j'ay poure destinee,
  Se j'entens a pechié, j'ay penance doublee.
  Or ai ge pour bien faire anuit poure saudee,

15 Mais j'ay esté trays, c'est bien chose prouuee;
Car j'ay esté (? j'auoie) perdu a ceste matinee
Mon cor qui estoit biau, s'en ay la ciere jree
18 Et mon hanap qui vault l'auoir d'une cōtree
Et mon rice haubert qui la maille a doree
J'ay esté cy souspris, cōme beste esgaree.«
21 Ensement se demente her Hulin en la tour,   [CCXIII
Se regrette son cor qui tant a de valour,
»Ay cor,« dist li enffes »que j'ay au coeur tristour!
24 Se sonner je le poeusse, ja n'aroye paour;
Mais ne le puis sōner, jl est en vng destour
Ou jamais en ma vie ne l'auray par nul tour.«
27 Ensement se demente en tritesse et em plour,
Et Callixe la belle estoit en grant tenrrour,
Assés se repentit, qu'elle auoit fait ce tour,
30 »Ay,« dist la pucelle »vecy grande dollour!
107 v 1 Certtes ce poise moy du vaillant poigneour
Que j'ay ensement mis en jtel mauuais tour.
3 Malditte soit li heure que je fis tel labour!
Mais par le foy que doy o pere sauueour
Encore, s'i voloit obayr a m'amour,
6 Je lui pourcasseroie sa joie et sa baudour
Et le deliureroie, ains que passast le jour
Et jroie auoeucq lui en France le majour.«
9 Or oiés de Callise, la pucelle d'hōnour,
Comment elle parla o gentil poigneour,
A vne fenestrelle s'en vint sans nul demour
12 Et salua Hulin sans faire nul demour;
Mais Hulin li dansiaux estoit si plain d'irour,
C'a paine, qu'i ne daigne parler que par fierour.
15 Par vne fenestrelle qui dedens l'uis estoit   [CCXIV
Vint parler la pucelle a Hulin qu'elle amoit,
Doulcement l'apella et asigna du doit.
18 Et quant Hulin l'oït, en terre s'enclinoit,
Tant estoit plain d'ayr, respondre ne daignoit.
Et elle lui a dit: »Beau sire, que ce doibt,
21 Que ne parlés a moy, beau sire, cy endroit?
Je vous puis moult tresbien aidier, s'i me plesoit,
Mais se mon gré ne faittes, par le dieu ou on croit
24 Tout li or de ce monde ne vous garandiroit,
Que ne soyés menés a mon pere tout droit;
Et vous scaués moult bien, se le roy vous tenoit,
27 Tost et jsnellement encroër vous feroit.
Et se ma volenté vo corps faire voloit,
Je vous ay en conuent, que mon corps penseroit,
30 Que seriés deliuré; car desplaire me doibt,
Quant jl me conuient faire ce c'aultre faire doibt,
Ainssy que vous scaués, que c'est raison et droit.«
108 r 1 »Hüe,« dist la pucelle »a quoy alés penssant?   [CCXV
Volés vous cy morir ou tost auoir garant?
3 Par le saint sauueour ou croient peneant,
S'a mon voloir n'alés du tout obeïssant,
Je ne vous aideray jamais en mon viuant,
6 Que ne soiés menés a mon pere Gorhant

Qui ne vous lairoit viure pour riens qui soit rēgnāt.«
Quant Hulin l'entendit, le couleur va muant,
9 Regarde la pucelle qui auoit doulx samblant,
Adoncq respondit lors et dist en sousriant,
»Demoiselle,« dist jl »je feray vo cōmant,
12 Mais que de cy endroit vous m'aylliés deliurant.«
Adoncq par la fenestre le va Hulin baisant,
De baisier amoureux se vont la delittant.
15 A jcelle parolle se va de la partant,
Tant vint, qu'a le nuittie qu'en prison fust entrāt;
Car au tourrier a fait vistement entendant,
18 Que c'estoit par l'acord d'Escorffault le tirant.
Beaux segneurs, vous scaués pluseurs et li auquant,
Que, puis que dame va a tel chose pensant
21 Et bonne amour lui va le sien coeur embrasant,
A riens qui soit au monde n'aconte tant ne quant,
Mais que faire poeuïst trestout le sien cōmand
24 Et de quoy bōne amour le va enluminant;
Et pour tant en voist on maint meschief apparant.
Callisse la pucelle en la grant chartre entra,   [CCXVI
27 A Hulin son amy une lime porta
Pour limer ses deux fers ou ses piés frumet a,
Et vng coustel d'achier la belle lui donna
30 Et fist tant o tourrier, c'auoeucq[ues] lui dīna,
Et de bon vin et fort celle luy envoya.
Quant Hulin voit son point, du coustel le frappa,
108 v 1 Le foie et le pōmon et le coeur lui percha,
Toute nuit a nuittie Hulin ses fers lima,
3 Et quant jl en fust hors, la pucelle acolla,
Par moult grant amisté doulcement le baisa,
Le cōmand Auberon celle nuit trespassa.
6 Or approce le tamps, que cier le comperra.
Oiés de la pucelle, cōment elle ordonna!
Pour luy et pour Huon deux ceuaulx appresta,
9 Hulin li gentilx homs doulcement lui pria,
Qu'elle lui rendesist, se le pouoir en a,
Son cor et son hanap dont on le desposa
12 Et le riche haubert dont sa vie sauua.
Mais la belle respond, rendre ne les porra,
Car entrer ne porroit, ou on les enferma.
15 A loy de ch'lr la belle s'apresta
Et des armes son oncle la belle s'adouba,
Le blason Escorffault deuant lui posé a,
18 Droit a soluil leuant du chastel desseura,
O lui maine Huon qui grant joie mena;
Mais du cor c'ot perdu fourment luy anoya.
21 La fēme du tourrier par matin se leua,
Pour ce que son mari celle nuit demoura,
Elle eust grant soing de ly, vers la prison ala,
24 Deffremee le troeuue, adoncq dedens entra,
S'a trouué son mari que Hulin lui tua,
Adoncq prent a crïer, et la noise monta.
27 Quant Escorffaut l'oyt, lors la noise escouta,
Demande, que c'estoit, et on lui deuisa.

58

Et quant jl sceult le fait, soy vestit et caucha
30 Jl escrie: »trahy«, son cheual demanda,
Si est monté dessus, grant fierté demonstra
109 r 1 Et a toute sa gent adoncq jl cōmanda,
Qu'i voisent tout après, et celui qui n'ira,
3 Jl en jure et affie, que pendre le fera
Ou tout vif escorcher, ja deport n'i aura.

Or est de son chastel Escorffault hors jssus |CCXVII
6 Chūn de sa maignie est après lui courus
»Mahom,« dist Escorfaux »or suis je bien confus
Et par vne putain lesdement abatus.
9 Elle voloit hier soir, que li Frans fust pendus,
Et se l'a deluiré, dont je suis jrascus.
Mais par celui Mahom qui fait o ciel vertus
12 Le ch'lr sera par la goeule pendus,
Et ma niepce morra, telz est li miens argus.«
Lors ceuauche Escorffaulx, que n'i est attendus,
15 Et en trestoux les lieux ou jl s'est embatus
Va tout par tout scauoir, se nuls ne l'a veüs.
Et Hulin ceuauchoit, au bois s'est embatus,
18 Bien cuide, que jamais nel doye trouuer nuls.

Or s'en va Hulinet a la chiere hardie,   [CCXVIII
S'en maine par le frain la pucelle jollie.
21 Si cōme jl ceuauchoit en le lande enermie,
Droit par dedens le bois ou la foeulle balie
Regarde deuant lui enmy la prayerie,
24 Si voit vng ch'lr venir par aramie,
Couuert estoit de fer, s'a le lance brunie,
Si estoit en estat de moine d'abbaye,
27 S'auoit vne grant targe noire com poie (l. pois) boulye
Et venoit a Huon par moult grant aatie.
Tel coup lui a dōné en la targe vaultie,
30 Que souuin l'abatit en my la prayerie,
Et puis dist a Hulin: »Oberon te deffie;
109 v 1 Car tu as enuers lui faussé ta barōnie.«

Quant Hulin fust cheüs par dessus le sablon,   [CCXIX
3 Regarde derier lui, voit le noir campion:
A loy de moigne auoit et colle (? estolle) et capperon,
Et s'auoit a son col ossi vng noir blason
6 Et tint trette l'espee plus clere que letton,
Si estoit deuant lui, se disoit a hault ton:
»Faulx ch'lr,« dist jl »c'est des biens Auberon,«
9 Et puis a pris la rengne du bon destrier gascō,
Auoeucq lui l'ēmena, ou jl vausist ou non.
Et Hulin lui escrie d'humble condition:
12 »Laissiés moy mon ceual, pour dieu vous em prion.«
Mais cilx s'en va toudis qui ne dit o ne non,
On ne fust point alé demy tret de bougon,
15 Quant Hulin n'a veü ne per ne compaignō.
»Et dieu,« dist li dansiaux qui Hulin ot a nom
»Dont est cilx ch'lr ne de quel region?
18 Oncques mais en ma vie ne vis je si bricon,
Quant en moy n'ay eū sens ni aduision,
Que j'aye encontre lui monstré deffenssion.«

21 MOult ot le ber Hulin le coeur tristre et dollant,   [CCXX
   Quant jl se voit a piet sur l'herbe verdoiant,
   Et la belle o cler vis lui a dit em plourant:
24 »Ay tresdoulx amis, en l'hõneur dieu le grant
   Ne vous alés jcy en riens desconfortant,
   Prenés le mien ceual et s'alés sus montant
27 Et de ces armeüres alés vous adoubant!
   Par quoy, se vous veés ch'lr ne sergant,
   Qu'encontre luy puissiés vo corps mettre a garant;
30 Car li homs qui va [nus] ne vault ne tant ne quant.«
   Dont se va la danselle vistement descendant
   Par dedens vng aunoy dessoubz vng arbre grant,
110 r 1 Jlloeucq va le dansel ses armes desuestant,
   En (vng) pelicon remest de fin or reluisant.
 3 Et quant Hulin perchoit son gracieulx samblant,
   Jl ne se tenist mie pour d'or fin son pesant,
   Qu'en l'hoeure ne lui voist son viaire baisant.
 6 Et acoller l'ung l'aultre cõme amie a amant
   Entour jaulx n'ont veü creature viuant,
   Dont la en fist Hulin son bon et son cõmand.
 9 Par dedens vng aunoy ou li herbe verdoye   [CCXXI
   Menerrent les amans loeurs soullas et loeur joie;
   Car tant fust la danselle et doulce et simple et coye.
12 Et quant Hulin percoit sa biaulté qui flamboye,
   Jl ne se tenist point pour tout l'or de Sauoye,
   Et celle le desire cõme l'oisel la proye;
15 Car Hulin fust tant biau, que dire ne porroye.
   Et li vng et li aultre a bien amer s'aloye,
   Et quant deux vrays amans sont en si faitte voye,
18 Jl ne loeur souuient point d'auoir ne de mõnoye
   Fors de la volenté la ou le coeur s'aloye.
   Après s'adouba Hüe et la belle s'arroye;
21 Quant Hulin fust armés, es armes se cointoye,
   Si jure Jhũcrist qui toux les biens enuoye,
   S'i troeuue ch'lr qu'encontre lui tournoye,
24 Qu'i se deffendera a son brancq qui flamboye;
   Mais du noir ch'lr durement lui anoye.
   Quant jl fust adoubé, a son cheual s'appoye
27 Et se le recengloit si fort, c'adoncq archoie,
   Adoncq se regarda vers le val qui claroye
   Et vit trois ch'lrs venir tout vne voie.
30 Quant la belle les vit, durement lui anoye,
   Elle dist a Huon: »Beau sire, je vous proye,
   Alons nous ent fuiant pour dieu, c'on ne nous voye!
110 v 1 La en voy trois armés dont je me doubteroie,
   Que mes oncles n'i fust; car se prise j'estoie,
 3 Je scay tout de certtain, que par ses mains morroye.«
   »Belle,« se dist Huon »pour riens ne m'en fuiroye,
   Si venoient vers moy, je m'i combateroie;
 6 Car moult tresvolentiers vng cheual conquerroye.
   Quant Hulin li vassaulx vit les trois approcher,   [CCXXII
   Oncques ne s'en daigna fuïr ne eslonger,
 9 Ains dist a la danselle: »Je m'iray essayer.«
   Lors monte a son cheual, l'espee va sacquier,

Si dist a la danzelle: »Demourés o sentier!
12 G'iray voir, se porroie conquerre vng destrier;
Je voeul ferir celui que je voy le p'mier.«
»Amis,« dist la danselle »pour dieu vous voeul prïer,
15 Que voeullés retourner et en alons arier;
Car je vous jur sur dieu le pere droitturier:
C'est Escorffaulx mon oncle qui ne [m']* a mie chier.«
18 »Par ma foy,« dist Hulin »je l'en voldray payer.«
Atant es Escorffault o lui deux escuier!
Quant jlz virrent Huon, a lui s'en vont lanchier,
21 Escorffaulx lui escrie: »Fel traytre murdrier,
Qui vous a deliuré mon escu de cartier
Et mon riche heāme et mon riche destrier?
24 Ce fist ma faulse niepce qui le vous vault bailler;
Mais je feray son corps ardoir et essiller,
Et si vous feray pendre a loy de pautōnier.«
27 Lors a dit a ses homes: »Alés sans atarger
A celle orde putain que je voy la mucher!
Et je m'iray combatre a ce faulx losengier.«
30 Et cilx ont respondu: »Ce fait a ottroyer.«
A le danselle viennent andoy les sodoyer,
Et quant elle les vit, si cōmence a noisier.
111 r 1 Et Hulin s'est lanchié deuant les escuier,
Si a dit haultement: »Jl le vous fault laisser.«
3 Mais Escorffault lui viengt tantost de par derier,
De sa glaue lui va merueilleux coup payer,
C'a poy qu'i ne lui fist parmy le corps perchier;
6 Mais Jhūs l'en garda de mort et d'encombrier.
Quant Hulin sent le coup mie ne lui agree,   [CCXXIII
Par deuers Escorffault a fait la retournee,
9 Grant coup lui a donné en sa targe doree,
C'une bien grande piece lui en a jus gestee.
Escorffault le rassault a chiere foursenee,
12 Et la belle crioit a moult hault alenee:
»Ay vierge Marie, roïne courōnee,
Sauués le mien amy, s'i vous plaist et agree,
15 Par quoy soie de luy droit en France enmenee!«
Et les deux sarrasins l'ont par force esleuee
Dessus vng des ceuaulx sans nulle demouree,
18 Et quant le vng le tint deuant lui acollee,
A la voie se mist par my vne vallee,
Pour aler au chastel a sa voie tournee,
21 Et li aultre s'en va par deuers la merllee
Pour assallir Huon qui la char ot nauree;
Car Escorffault l'assault de telle randōnee,
24 Que tout che qu'il ataint ne lui dure riens nee.
Moult fust Hulin dollans et moult jl s'esbahy;   [CCXXIV
Car Escorffault l'assault, mais bien se deffendj
27 A loy de ch'lr corageux et hardj.
Li aultre lui reuient qui l'a fort assaillj;
Mais Hulin li vaillant Escorffault ferj sy,
30 Que jusqu'en la poittrine le coppu et fendj.

110 v 17. *Hs.*: vous.

Jl a estort son coup, u terre le flatri,
111 v 1 »Oultre,« ce dist li enffes »je n'uy garde de ty«.
Adoncq ferj a l'aultre, que plus n'i attendj,
3 Par si grant mautalent a che coup l'attendj,
En la teste le fiert et l'a si estourdj,
Le maistre et le cheual tout en vng mont flatrj.
6 Adoncq par le hiãme vistement l'aherdj,
Si ques tout hors du chief par force lui tollj,
Et cilx lui escria: »Franc ch'lr, merchy!
9 Vo volenté feray. Aiés pitié de my!«
»Je me doubte,« dist jl »que tu m'ayes trahy,
Jamais ne cresray hõme pour le fel Amaurj.«
12 »Sire,« dist li payen »loialment vous pleuy,
Que bien porrés trouuer en moy vng bon amy.«
Quant Hulin entendit que celuy se voeult rendre,   [CCXXV
15 Jl a dit au payen: »Tu ne te poeus deffendre,
Or te pri, se ne voeuls a loiaulté entendre,
C'a nulle riens que die ne te voeulle descendre;
18 Mais reuas t'en arriere tantost sans plus attēdre,
Ja pour toy faire mal ne verras mon brancq tendre.«
»Sire,« dist le paien »veoir me puisse pendre,
21 Se ne vous fais ancuy la vostre amie rendre,
Et si vous seruiray sans jamais riens mesprendre.
Quant mes sires est mors, a vous je me voeul rendre;
24 Car nuls proidhoms ne doibt la courtoisie prendre,
Se du bien desseruir ne voeult son coeur entendre.
Courtoisie me faittes, se me doy bien deffendre,
27 Et je ne vous voeul mie ma courtoisie vendre,
Ains le voeul desseruir devers vous sans mesprendre.«
»Sire,« dist li paien »je me rens a vous pris,   [CCXXVI
30 La vie me sauués, je vous seray amis.«
»Vassaulx,« se dist Hulin »or ne m'aiés menty,
Cõment aués vous non, ayés le tost jehy.«
33 »Sire,« dist li payens »j'ay a nom Ampatris.«
112 r 1 »Vassaulx,« dist li enffans »or entends a mes dis!
Voeuls tu croire en Jhūs qui en la crois fust mis?
3 Car je suis crestïen, de ce soiés tout fis,
Nés suis de France et homs o roy de saint Denis.«
»Sire,« dist li payen »de ce soiés toux fis,
6 Se cy endroit estoit vng bien grant feu espris,
Je vous dys bien, c'ainchois g'y seroie saillis
Et me lesroie ardoir et escorcher tout vis,
9 Ainchois que renoiesse la loy que j'ay apris;
Ca[r] ja ne cresray dieu pour a estre peris.«
»Et cõment« dist Hulin li preux et li gentis
12 »Me fïeroie en toy, que ne fusse trays?«
»Sire,« dist li paien »puis que g'y auray mis
Ma creance et ma loy pour a estre bruïs,
15 Ne vous faurroie mie, de ce soiés tout fis.«
»Or me fais le serment« dist Hulin »du pays!«
Lors a le sarrasin son doit a son dent mis*

112 r 17. Vgl. 96 r 13, 113 r 12 u. Bredtmann's Dissert.: D. sprachl.
Ausdr. einiger Gesten im afr. Karlsepos Marb. 1889, S. 69 f. Auch Philippe

18 Et l'i hurta trois fois jlloeucq par bon aduis.
  »Esprouuer te vaudray;« dist Hulin li gentis
  »Car je ne puis auoir toute ma vie pis;
21 Mieulx porroie valloir, que fusse mors que vifz
  C'a affaire de viure vng malheureux quetifz?«
  »Sarrasin,« dist Hulin »je te requiers et prie,   [CCXXVII
24 Que tu me voeulles rendre me tresloial amie
  Que je lessay droit cy par deuant l'estourmie.
  Or l'ont pris et saisis cilx de ta compaignie.«
 27 »Sire,« dist li paiens »et mon corps vous affie
  Par tous les seremens c'onques fis en ma vie:
  Jamais ne vous faurray pour chose c'on me die,
30 Jusc'a tant que rarés Callisse vostre amie.«
  Lors se mist au cemin, que point ne se detrie,
112 v 1 Par deuers le chastel ont loeur voie acoeullie.
  Hulin voit le payen, haultement lui escrie:
 3 »Ves jcy le chastel ou je fus vne fie!«
  »Sire,« dist Ampatris »ne vous esmayés mie!
  Car jl n'i a lassus c'ung petit de maignie;
 6 Car jlz sont toux widiés de celle tour antye,
  L'ung ca et l'aultre la ont la forest charquie
  Pour vous a ramener en la tour bateillie.
 9 Hōme n'i trouuerés qui de riens vous desdie,
  Jlloeucques porrés prendre Callisse vostre amie,
  Et puis vous conduirè si bien celle nuittie,
 12 Que sans mal partirés hors de celle baillie.
  Auoeucques vous jray, se Mahom s'i ottrie,
  S'irons en Cornuaille vne terre garnie;
 15 Car la fust mon corps nés et en celle partie,
  Plus ne demourray cy jamais jour de ma vie.«
  »Amis,« se dist Huon »et mon corps s'i ottrie,
 18 Or vorray esprouuer, se t'es non: fol s'i fie.«
  Hües vint o chastel qui n'i fist arrestee,   [CCXXVIII
  En la salle monta sans nulle demouree,
 21 Jlloeucq trouua la belle qui estoit arrestee,
  Qui detordoit ses poings, moult estoit esplouree.
  Atant es vous Huon en la salle pauee!
 24 Entre les dames viengt sans nulle demouree
  Et puis dist a Callisse sans faire arrestee:
  »Belle, venés vous ent, s'i vous plaist et agree!
 27 Car pour l'amour de vous ay fait cy retournee.«
  Quant celle l'entendit, en estant s'est leuee,
  Parmy les sarrasines s'en est oultre passee,
 30 Acoller va Hulin dont est enamouree.
  Adoncq cōmenca la la noise et la crïee,
  Et Hulin li gentilx tenoit nüe l'espee,
 33 Se jura Jhūcrist qui fist ciel et rousec:
  »Ja dame n'i sera de par moy adesee.«

---

*de Vigneulles sagt in seiner Prosabearbeitung der Chans. des Loherains
Bl. 254 v (= J 199 a 3): Et a cest' heure fut meneis Fromont u vne de
leur musquee la ou estoit l'ung de leur dieu et devent cellui . . . le
firent mestre a deux genoulx et bouter son doy dedens sa bouche qui
est vne scrimonie qu'il ont acoustumés.*

113 r 1 Ainsy con li ber Hüe ens ou palais estoit, [CCXXIX
   L'Ampatris li paien qui amené l'auoit
3 Fust au mur apoyé, la regarde, se voit
Bien xl paiens qui viennent a esploit;
Car partis jl estoient du chastel la endroit.
6 Ce sont li soudoiers que Gorhans soubstenoit,
Ne porrent point trouuer ce c'on loeur demãdoit.
Et pour ce s'en reuiennēt. Fourment lui anoioit,
9 Et quant l'Ampatris vit, que celle gent venoit,
Si dollans fust au coeur, c'a peu, qu'i n'esragoit;
‚ Et dist, ja reprouué a nul jour ne seroit
12 De faire trayson ne de fausser son doit,
Au pont en est venus, contre moult (! = mont) le leuoit,
Puis reuient a la porte et tantost le fremoit,
15 Se jure Mahōmet ou sa creance estoit,
Que pour estre destruis Hulin ne trayroit.
   Or a li Ampatris le castel bien fermé, [CCXXX
18   Puis monta a palais ou Hulin a trouué,
»Sire,« dist Ampatris »j'ay la porte fremé,
Cha viennent sarrasins bien lx (! s. o. Z. 3) adoubé.
21 Scachés, se je ne fusse, cheans fussent entré!
J'ay la porte fermee, dehors sont demouré;
Car ja n'i entreront, s'i ne vous viengt a gré.«
24 »Par mon chief,« dit Hulin »en toy a loialté.«
»Sire,« dist li paien »jl ne m'est reprouué,
Que le mien serement aie ja parjuré.«
27 Ainsay que la endroit jl se sont deuisé,
Es vous deux sarrasins ens o palais entré!
De la cuisine viennēt, le rost j ont trouué,
30 Pour le noise des dames sont au palaix monté,
Et quant jlz ont Huon perchut et aduisé,
113 v 1 Dont lui coururent sus, ainsy cõme derués,
Et Hulin sault auant, s'en a vng si frappé,
3 Jusques en la ceruelle en est le brancq coulés.
Et Ampatris a l'aultre moult laidement nauré,
Par my le palaix vont les dames de beaulté,
6 Plus de xv en j ot ens ou palaix listé
Qui par le chastel ont moult bret et moult crïé,
Varlès et bouteliers et queux sont assamblés,
9 Et Hulin loeur escrie: »A mort serés liuré.«
Dont s'auancha contre jaulx, le branc tint entesé,
Qui qu'il ataint a coup, tost a son tamps finé.
12 Moult fust grande la noise ens ou palaix plenier, [CCXXXI
  Li varlès des ccuaulx, garchons et bouteliers
Sont venus o chastiau, si ont pris a crïer,
15 »Ay, segneurs,« font jlz »car nous venés aidier!
Ceans est li traytres que venés de chasser.«
Et Hulin va après qui tiengt le brancq d'acher.
18 Quant veoient Huon qui les voeult appeocher,
Jlz sallent es fossés ou grans est li viuier,
Qui ne poeult l'iaue boire, jl le conuient noier.
21 Et quant cilx ont veü le mortel encombrier,
Adoncq loeur cōmenca forment a anoier,
Jlz sont venus au pont, sel cuident abaissier;

24 Mais Hulin li gentilz les prent a approcher,
O lui fust l'Ampatris qui lui ot bon mestier,
Vne arbalestre aporte a Hulin le guerrier
27 Et jl print en sa main vng bon arch mainïer
Dont jl fist les payens tellement esmayer,
Ou vaulsissent ou non, les conuint traire arier
30 Et par deuant la porte se sont alés rengier.
Et Hulin s'est alés a dames desraignier,
Si les affait venir ens ou palaix plenier,
33 La chastelaine j fust qui moult fist appriser
114 r 1 Et bien xv pucelles qu'elle ot a justicer.
Hulin les appella, si loeur dist sans targer:
3 »Entre vous, demoiselles, ne vous cault d'esmayer;
Car ne vous mefferoie pour la tour debanier (? debrisier);
Mais s'assaillis nous sōmes, jl nous conuiēt aider.
6 Et quant ce(lle)s entendirent le vaillant ch'lr,
Dont menerrent laiens vng doeul grant et plenier,
Et quant Hulin les voit ensement larmïer,
9 Par dedens vne tour en fist xv lancier.
Hües a le chastel a son cōmandement,   [CCXXXII
Dont vint a vne perse la ou son haubert prēt
12 Son hanap et son cor qui luist et qui resplent,
Li enffes les a pris, a dieu grasses en rent,
Puis vint a l'Ampratis, se lui dist lïement:
15 »Croire ne voeuls en dieu, ainsy ni aultrement.
Regarde ce hanap qui cy est em present!
Jl n'i a riens dedens, on le voit clerement.«
18 »C'est vray,« dist le paien »riens n'i a voirement.«
Dont le segna Huon de dieu omnipotent,
Si fust emplis de vin o dieu cōmandement.
21 Et quant Hulin le vit, si em but lïement,
Dont dist a l'Ampatris: »Biau sire, buués ent!«
Cilx le mist a sa bouce tost et jsnellement
24 Et bien boire en cuida a son cōmandement;
Mais le vin s'en ala, si qu(e)' jl ne but noyent.
»Amis,« se dist Hulin »or scachés vrayement,
27 Que toux les sarrasins qui sont o firmement
Ne feroient le vin cy venir ensement,
Ne ne le buueroient pour tout l'or d'orïent.«
30 Adoncq a la danselle en fist esprouuement;
Mais celle n'en but point pour or ne pour argent.
»Par foy,« dist l'Ampatris »c'est par enchantement,
114 v 1 Ne cresroie jamais ainsy ni aultrement,
Que fust par aultre tour par Mahom qui ne mēt.«
3 Et Calisse respont: »G'i croy bien fermement.«
»Dame,« se dist Hulin »droit aués vrayement.«
Ainsy li ber Hulin son hanap esprouua   [CCXXXIII
6 Et puis a dit après, son cor jl sōnera
Pour sauoir s'Auberon secourir lui verra;
Car bien perchoit o vray, que grant besoing en a;
9 Car les paiens estoient au lés de par de la
Rengiés deuant la porte pour voir s'il jstera.
Hulin a prins son cor, sel tentist et sonna,
12 Adoncq li Ampatris a danser cōmenca,

Et aussi fist Callisse qui grant joie mena.
Bien l'oït Auberon que poy j aconta
15 Et Malabron a dit, quant le son escouta,
»J'os« dist jl »Hulinet qui de moy besoing a;
Mais ains que je lui aide, moult de maulx auera;
18 Car oultre mŏ cŏmant et de ce qu'i jura
A j[e]ut auoeucq celle que mon corps lui vea.
Or poeult assés sŏner, mon corps n'i entrera.«
21 »Sire,« dist Malabron »trop grant pité sera,
Trop a eŭ affaire, puis que la mer passa,
Ains homs n'eult tant de maulx ne jamais n'auera.«
24 »Par foy« dist Auberon »encore en souffrera,
Le meffait qu'il a fait comparer lui faurra.«
    Hüe sŏna son cor qui ne se voeult cesser,   [CCXXXIV
27   Tant c'on lui vit le sancq de la bouce filler,
Les sarrasins l'oïrrent, se prindrent a danser,
Et Callixe la belle cŏmenca a baller,
30 Li Ampatris le va a la tresque mener.
Et quant cessa Hulin, cŏmenca a plourer,
»Ay, Auberon sire,« dist [Hulinet]* li ber
115 r 1 »Or voy bien, que tallent n'aués de conforter
Ce quetif douloureux qui tant a a porter.«
3 Quant Callisse le voit ensement dementer,
Dont lui va doulcement la belle demander,
»Sire Hulin,« dist elle »pour dieu qui fist la mer
6 Qui vous fait ensement cy endroit demener?
Certtes jl n'affiert pas a vng tel baceler,
C'on le voye ensement com pucelle plourer.«
9 »Belle,« se dist Hulin »bien me doy dolouser,
Quant j'ay perdu l'amour roy Auberon le ber,
Courouchiés est a moy, bien le doy esperer;
12 Car au son de son cor me sambloit amener
Bien lxm hŏmes pour moy a conforter.
Or voy, qu'i ne me voeult secourir ni aider;
15 Dame, c'a fait pechié qui l'a fait refuser;
Ca[r] ce, que j'ay volu a vo corps habiter,
Le fait de moy aider ensement retarder,
18 Et si ne scay, cŏment de cy puisse eschapper.«
    Or fust Hulin dollant et plain de marrison,   [CCXXXV
    Forment sont esbahis payen et Esclauon
21 De ce, qu'il ont dansé et ballé, a che son,
Et dïent l'ung a l'aultre: »La sus a vng glouton
Qui par enchantement a conquis le dongon,
24 Si amena la fille Gorhant, li Esclauon,
Par son enchantement de son noble royon,
Toux sŏmes enchantés, bien veoir le poeult on.«
27 Es vous vng sarrasin brochant a esperon!
Escorffault apportoit par dessus vng gascon
Que Hulin ot ochis pardelés vng buisson,
30 A sarrasins escrie: »Or regardés, barons!
No sires est ochis a grant destrusion
115 v 1 Par le faulx ch'lr de France le roion

---

114 v 32. *Hs.*: ampatris.

Que Callisse la belle a jetté de prison,
3 Je ne le puis trouuer en tour ne environ.«
Et les sarrasins crïent: »Abaissiés vo raison!
Car li traytres est en nostre mansion,
6 Conquis a nostre tour et la nostre maison,
Plus scet d'enchantement, c'onques ne fist larron.«
Et quant cilx l'ont oy, se ne dist o ne non,
9 Adont les sarrasins n'i font arrestison,
Jlz ont fait assambler du pays enuiron
Plus de IIII C. hōmes qui croient en Mahom,
12 S'ont assis le chastel afforce et a bandon.
Et Hulin le deffent qui ait benaïsson,
Aussi fait l'Ampatris qui coeur ot de lion,
15 Oncques au ber Hulin ne cacha traïson.
Ainssy vont les payens le chastel assegant,   [CCXXXVI
  Puis orrent a conseil Sarrasins et Perssant,
18 Qu'i manderont le fait o riche roy Gorbant,
Qu'i viengne o grant chastel tost et jncontinant
Pour sa fille rauoir qui de biaulté a tant
21 Et le fel crestïen qui lui ala robant.
Vng messagier s'en va deuers le roy tournant,
Tant fist qu'i le trouua en son palaix luisant,
24 Adoncq le salua de son dieu Teruagant
Et le roy dist: »Vassal, par Mahom bien vegniant,
D'ou venés, ou alés, quel chose alés querant?«
27 »Sire,« dist li payen »or oiés mon samblant!
Nouuelles de vo fille vous diray maintenant.«
»De me fille?« dist jl »Or le mes dis esrant!
30 Et se rauoir le puis, je te jure et creant,
Que le feray ardoir dedens vng feu bruiant.«
»O chastel Escorfaut, jlloeucq l'irés trouuant
33 Et le faulx crestïen qui l'ala enmenant,
116 r 1 Dire vous en vorray aduenture pesant:
Escorffault vo serouge qui le coeur ot vaillant
3 Auoit emprisōné le traytre puant;
Mais vo fille l'ala de prison deliurant.
Escorffault le sieuit et trestous ses Persant,
6 A toux lés le sieuoient escuiers et sergant,
Escorffault les trouua lés vng bois verdoyant
O lui deux sarrasins en qui s'aloit fiant,
9 Li vng monsta vo fille sur vng destrier courant,
Les aultres deux alerrent le glouton assaillant.
Jl ochist Escorffault a l'espee trenchant,
12 Jl reuint au chastel et a fait layens tant,
Qu'i n'i a demouré ne fême ni enffant,
S'a le porte fermee et le pont pardeuant,
15 Si n'a auoeucques lui vng seul hōme viuant;
Mais nous l'auons assis et deriere et deuant.
Or vous mandent par moy les petis et les grans,
18 Que venés o chastel et s'alés amenant
Engains et espringales par quoy on fache tant,
C'on le puist conquester par les pierres jettant.«
21 Quant le roy l'entendit, jl en fust moult joiant,
Les engains vont charger, les chars vont charïant.

Et li roys s'apareille, si monte jncontinant,
24 De si jusc'au chastel ne se vont arrestant.
Li roys j est venus et o lui si Perssant,
O lui bien xx mille hōmes en Mahōmet creant,
27 O chastel Escorffault se va li roy logant,
Et Hulin fust lassus qui le coeur ot dollant.
Quant voit, que les payens l'aloient appressant
30 Et que de toutes pars jl en j auoit tant,
S'il en fust esbahis, ne m'en vois meruillant,
116 v 1 Dieu et sa doulce mere va de coeur reclamant.

Or est Hulin li ber des payens fort assis,   [CCXXXVII
3 Gorhans j est venus a xx mil feruestis,
Entour le chastel a x grans engings massis
Qui pierres et caillaux j gettoient toudis.
6 Or est Hulin li bers courouchés et maris,
Tant fust ens o chastel, se nous dist li escris,
Que toux viures fors pain sont au chastel faillis
9 Et l'iaue doulce aussi, ce les a desconfis.
Les dames vont criant en jettant piteux cri,
»Ay, sire Huon,« se lui dist l'Ampatris
12 »A ce coup puis bien dire, que grans est li peris.«
»Hulin,« se dist Calisse »je vous di, doulx amy,
Que me venés baissier et la bouce et le vis,
15 Ne me baiserés mie mi jours acomplis.«
Adoncq l'acolla Hüe et le baisa au vis,
Se dist: »Pere de cilx, vray roys de paradis,
18 Cy me conuient morir sans estre departis.
Ay, Charles de France, sire de saint Denis,
Pour quoy me cōmandastes en vo palaix de pris
21 De passer oultre mer dessus les Arrabis?
Ay tresdoulce mere, duchoise de hault pris,
Perdu aués Huon qui est vos ai[n]snés filx.
24 Ay belle Esclarmonde, roïne de hault pris,
Par le pechié que j'ay en vostre corps cōmis
M'est auenus droit cy cest doeul et chest peris.
27 Or puis je bien prouuer selon le mien auis:
Qui fause mariage j vault pis que Juïfz.«
»Vray dieu,« se dist Hulin »or ne scay, que penser, [CCXXXVIII
30 Auberon ne me voeult auir ni escouter.«
Dont va la demoiselle baiser et acoller,
Et li fort roy Gorhault fist vng asseault corner,
33 Au chastel sont venus sarrasins et Escler.
117 r 1 Et quant Hulin les vit de l'assaillir haster,
Les xv dames fist* de la prison jetter
3 Et puis se loeur a dit a sa voix hault et cler:
»Dames, jl vous conuient de deffendre pener
Et pierres et caillaux encontre val ruër,
6 Et se vous ce ne faittes, je vous dis sans fauser,
Que la jus es fossés vous feray jus ruër.«
La les affait Hulin droit a crestiaulx aler,
9 Ou vausissent ou non, leur fist pierres jeter
Dessus les sarrasins que dieu puist crauenter

Qui es fosses venoient [baus et]* mairiens getter.
12 J va de rencq en rencq a dames escrïer,
   »Or tost, dames,« dist jl, »pensés de vous pener!
   Car par celuy segneur qui tout a a sauuer,
15 Qui rechupt mort en crois pour nous a racheter,
   S'on prent nostre chastel, je vous jray tuër,
   De vous ne vorray ja nesune deporter.
18 Et quant jlle l'oïrrent, si se vont effrayer,
   De paour font cailliaux es fosses rondeler,
   Paiens et sarrasins faisoient reuerser,
21 Briser* gambes et bras, ceruelles espaultrer
   Et jus de ches eschielles a terre crauenter.
   Et li Ampatris tret, trés bien s'en scet merller,
24 Et aussi fist Hulin qui le coeur auoit ber,
   Et Callisse la belle va cailleux apporter
   A dames environ ou jl n'eult c'ayrer,
27 De ce qu'i loeur falloit sur loeurs amis ruër.
  O chastel Escorffault j ot a(u)ssault pesant,   [CCXXXIX
    Les fossés ont emplis chent piés en vng tenāt,
30 Puis vont contre les murs eschielles apoiant,
   Plus de xxx paiens j alerrent montant;
   Mais les dames jestoient de coeur tristre et dollant.
117 v 1 Quant Callisse veoit, que l'une aloit faignant,
   A Huon son amy l'aloit tantost monstrant,
3 Et Hulin j venoit grant coups loeur va dōnant,
   Et li Ampatris va moult fierement traiant,
   Celui jour tua moult de la gent roy Gorhant.
6 Li roys fust a cheual sur le pré verdoiant
   Et regarde les dames qui ses gens vont tuant,
   Si les esquemenie de son dieu Teruagant
9 Et escrie a sa gent: »Barons, ferés auant!«
   Et sarrasins assaillent qui moult se vont penant
   Et jurent Mahōmet en qui jl vont creant,
12 Qu'i ne retourneront jamais en loeur viuant,
   S'aront prins le chastel qu'ilz desiroient tant
   Et ochis le glouton qui les va cuuriant
15 Et l'Ampatris aussi qui les va ochiant.
   Et l'Ampatris crioit: »Fel cuuers recreant,
   Vous ne me tendrés mie a loy de recreant;
18 Car ainchois es fossés je m'iroye gettant,
   Qu'en la vostre mercy fusse ne tant ne quant.«
   Lors trait aux sarrasins, moult fort les va nuisant,
21 Et quant Hulin le voit, moult fort le va prisant,
   Se dist: »Vecy payen loial et souffissant!
   Pité est qu'i ne croit le pere royamant.«
24 Et les sarrasins vont les esquielles dressant,
   Bien xv esquielles vont dresser en vng estant,
   Si vont chent sarrasins par desseure montant
27 Que jusques es crestiaulx en sont alés rampant.
   Quant les dames les voient, haultement vont criant,
   De paour et de hisde s'en alerrent fuiant.
30 Et quant Hulin les voist, s'en ost le coeur dollant,

---

117 r 11. *Hs.*: grans. — 21. *Hs.*: Brisent.

Jhücrist et sa mere va du coeur reclamant:
Car ne scet ou tourner deriere ne deuant.
118 r 1 Or escoutés de quoy jl s'ala aduisant!
Jl dist a l'Ampatris: »Tēnés vous en estant,
3 Tant que je reuendray du palaix reluisant!«
A jcelle parolle j est alés courant,
Quant jl vint o palaix, jl print son olliffant
6 Et le mist a sa bouche et puis l'ala sonnant,
Et sarrasins qui furrent contre les murs montant
Et tous chilx qui s'aloient as eschielles tenant
9 Au son du cor faé, si com j'ay dit deuant,
C'ōmēce(rre)nt a danser par jtel conuenant,
Que jusques ens es fosses en sont alés tumant.
12 Quant Hulin ot laissiet jceste melaudie,   [CCXL
Et les sarrasins furrent hors de la faerie,
Tel doeul orrent o coeur, li vng bret, l'aultre crie.
15 La ot le roy Gorhault la chiere si marrie,
Qu'il estoit si dollant, c'a peu qu'i n'esrabie;
Jl a dit a sa gent: »Vecy grant diablerie!
18 Ja n'auray le chastel par nesune envaye,
Affamer le me fault ou je ne l'auray mye,
Retrayte fist sonner, que plus ne s'y detrie,
21 Chascun va repairant a sa herbergerie.
Et Hulin est alés en la sale vaultie,
Les dames fist venir et Callisse s'amie,
24 Et la fust au souper chascune mal seruie;
Car n'auoient que pain chascung par cōpaignie
Fors seulement Huon a la chiere hardie,
27 Cilx boit a son hanap du riche vin sur lie;
Mais les aultres n'en ont denree ne demie.
Les dames vont plourant et menant laide vie;
30 Car li vne amaigrist et li aultre apallie.
Callisse la danselle fust fourment esbahie,
Elle a dit a Huon: »Beau sire, je vous prie,
118 v 1 Que vous voeullés jetter hors de la manandie
Ces dames cy endroit; car la fain les esgrie
3 Et vous n'aués que faire jamais de loeur aye,
Elle moeurent de fain, la char loeur est cangie.
Morir voeul auoeucq vous par fine drüerie,
6 Aussi bien que Tristram vault morir pour s'amie,
Voeul morir auoeucq vous; car mon coeur s'i ottrie;
Mais de ces dames cy, beau sire, je vous prie.«
9 »Belle,« se dist Huon qui tendrement larmie
»Volentiers le feray, se dieu me benaye.«
A la porte est venus, que plus ne s'i detrie,
12 Li Ampatris o lui ou moult fourment se fie,
Si ont la porte ouuertte et tost desueroullie
Et Hulin de Bordeaux qui la ciere ot hardie
15 Dist a la chastelaine qui fust moult amaigrie:
»Dames, dittes o roy et a sa barōnie,
Qu'i nous prengne a mercy moy et ma cōpaignie
18 Et pardoing' a sa fille trestoute sa follie
Et l'Ampatris aussi ou mon corps fort se fie
Par jtel conuenant, qu'i me tolle la vie,

21 Et nous lui metterons le chastel em baillie.«
  »Dame,« se dist Hulin a la ciere membree   [CCXLI
    »Dittes o roy Gorhant, qu'il ait sa loi juree,
24 Que sa fille la belle sera de mort sauuee
Et l'Ampatris ossi qui tant a renōmee,
Et j'oblige ma teste, qu'elle me soit copee,
27 Et s'i me voeult auoir ceste chose juree,
Tantost lui renderay la noble tour caree.«
Et celle lui a dist a moult haulte alenee:
30 »Sire, vostre raison lui sera recordee,
Et se faire le voeult, tost seray retournee.«
Adoncq s'est du chastel partie et desseuree,
119 r 1 Et Hulin demoura qui la ciere ot jree,
Et la danselle fust au coeur desconfortee,
3 Se lui dist: »Doulx amis, par la vierge loee
Auoeucques toy morray sans faire desseuree.«
  »Et jou;« dist l'Ampatris a qui prouesse agree
6 »Car ja ma loialté ne lui sera faussee.«
E vous la chastelaine qui fist la retournee!
C'au roy Gorhault auoit la chose demonstree,
9 Hulin en appella a moult haulte alenee:
  »Xprīen,« dist la dame »la chose est accordee;
Que li roys voeult, c'ayés sa fille deliuree
12 Et l'Ampatris aussy par telle destinee,
Garde n'aront de mort, c'est chose pardōnee;
Mais de tant vous dis bien, que sans nulle arrestee
15 La teste vous sera trenchie d'une espee.«
  »Par mon cief« dist li ber »bien me plest et agree,
Jamais ne voeul plus viure, la mort ay desiree,
18 Trop ay souffert de maulx de ca la mer sallee.«
Lors print a soupirer, mainte lerme a plouree.
  Ḭūe appella* la danselle o coeur gay,   [CCXLII
21   »Belle,« dist li danseaux »je vous deliureray
Au roy Gorhault, vo pere, ainsy acorday l'ay
Et l'Ampatris ossi que j'ay trouué si vray,
24 Par jtel conuenant o roy vous renderay,
Que tout vous pardonrra, et quant jurer l'orray,
Je vous ay en conuent, que droit a lui jray;
27 Car j'ay assés vescut, si que morir vorray.
Jhūs morut pour moy, et pour vous je morray,
Bien affiert, que je muire, en ce point mis vous ay.«
30 »Sire,« dist la pucelle »ja ne l'acorderay,
Ne ja au roy mon pere par ce point je n'iray;
Car auoeucques vo corps morray et viueray,
119 v 1 Tant que soie en vie je ne vous guerpiray,
Et se suis en tel point, longuement ne durray;
3 Mais morir voeul pour vous cy endroit sans delay.«
  »Et jou« dist l'Ampatris »ja ne m'y renderay,
Quant je verray le point, la jus me lanceray.«
6 Dont prendent a plourer trestous trois d'ung essay,
Hulin vint a crestiaulx qui n'i a fait delay,
Dist a la chastelaine: »Dame, je vous diray:

---

20. *Bessere:* Puis appella Hulins.

9 Dittes o roy Gorhault, que ja riens n'en feray!
Car accorder nel voeulent cilx c'auoeucq[ues] my j'ay,
Si ques d'iaulx deliurer certtes nuls pooir n'ay.«
12 Dont dist la chastelaine: »Deuers l'ost men jray
Et a Gorhault le roy je le recorderay.«
Adoncq s'en est partie, que plus n'i fist delay.
15 La chastelaine s'est partie de la tour,   [CCXLIII
Jusques o roy Gorhault n'i a fait nul demour,
Tout l'estat lui compta de Hulin sans seiour
18 Et la grant poureté du grant chastel majour.
»Par Mahom« dist li roys »j'en ay au coeur baudour,
Qu'il ont ainsy laiens et famine et dolour,
21 Ardoir feray ma fille qui plaine est de follour
Et le fel Ampatris que tiengs a traytour
Et se feray ardoir le fel encanteour.«
24 Ensement manechoit Hulin le poigneour
Qui estoit o chastel em paine et en tristour.
Ne scay, que vous desisse, n'alongesse le tour
27 De nostre vraye histore dont vraye est la tenour
D'armes et de pitié et de grande doulchour*.
Callisse s'acoucha de fain et de langour
30 Et morut o chastel deuant le poigneour,
Hulin le bon vassal qui en ot doeul gregnour
La belle a enfouie lés vne viesse tour.
120 r 1 Or est morte Callisse d'anoy et de famine,   [CCXLIV
Hulin en fust dollant, sa face en agrattine,
3 Doulcement regretta Calixe la messine,
»Amie,« dist li ber »et fille de roïne,
Certtes j'ay si grant doeul, je desire, que fine.«
6 Et li Amputris ot fourment maigre l'eschine,
Forment lui amaigrist la face et la poittrine.
Hulin pour oublïer son doeul et sa conuine
9 Print son cor en sa main et dist: »Vierge roïne,
Porroige tant sōner sainte vertu diuine,
C'Auberon s'auisast qui m'a prins en haïne?
12 Ay roys Auberon, homs de bōne doctrine,
Ayes pité de my par ta grace enterine!
Car juré ont ma mort celle gent sarrasine.
15 Je ne puis eschapper, ne muire a brief termine,
Se la grace de dieu le tien coeur n'enlumine.
Ay dame Esclarmonde, blance que floeur d'espine
18 Et aussi coulouree cōme rose sanguine
Et vous Gerames, sire, vecy poure destine!
Jamais ne vous verray par la vertu diuine.«
21 »Ensement se demente Hulin qui fust gentis,   [CCXLV
En sa main tint le cor qui moult estoit polis,
Piteusement l'esgarde des beaulx jeulx de son vis,
24 »Sire,« dist Ampatris qui estoit ses amis
»Voeullés sōner ce cor qui tant est segnouris!

28. Vgl. im Eingang von Clarisse et Florent (ed. Schweigel: Esclar-
monde etc. V. 3482 f.) *canchon D'amors et d'a[r]mes, de pités et de plors*
und K. Rudolph: Verh. d. beid. Fass., in welchen d. Ch. de Garin de
Mongl. überliefert ist. Marb. 1890. S. 60, Anm.

Car quant vous le sōnés, je suis si resjouys,
27 Que j'oublie toux maulx toux anoys et despis,
Et je n'aroie garde, se le sōniés toudis;
Car quant j'en oy le son, je suis tout raemplis,
30 Ne sens ne fain ne soif, tant suis bien asouplis.
120 v 1 »En nom* dieu,« se dist Hüe »biau compains et amis,
Je suis par grant famine durement o bas mis,
3 Se ne puis du cor faire trestout les miens delis;
Car jl ly conuient forche, ou le son est falis;
Mais pour l'amour de vous j auray paine mis.«
6 Lors l'a mis a la bouce et a sōner l'a pris
Si fort, que de sa bouce lui est le sancq saillis.
Et cilx print a danser par le palaix de pris,
9 Ossi font sarrasins qui au champs sont assis,
A jcelle parolle que li sons fust oïs
Du bon roy Oberon qui tant fust postays,
12 Jl dist a Glorian: »Sire roy agensis,
Or est tamps et saison, que Hulin li gentils
De nous soit confortés; car presques est fenis.
15 Jl affait le penance des pechiés de jadis,
Et pour ce m'i souhaide armés et feruestis
A lxm. hōmes des gens de mon pays
18 Par deuant le chastel ou Hulin est assis,
Et pour le deliurer; car trop est malbaillis,
Et pourtant m'i souhaisde auoeucq my mes subgis.«
21 Si tost que de sa bouce li roys ot les mos dis,
Fust deuant le chastel du tout a son deuis,
Droittement en my lost des felons Arrabis
24 Par qui Hulin li ber fust forment entrepris,
Et quant Hulin les voit, si loua Jhūcris.
Quant Hulin apperchut, qu' Auberon* venoit la,   [CCXLVI
27 Moult fust liés a son coeur et bien raison j a,
Son compaignon apelle, qu'il loialment ama:
»Or regardés, amis! Quelle gens sont ce la?«
30 Jl n'ot pas si tost dit, que tente n'auisa,
Que tout ne fust verssé[e] et de ca et de la,
Maudit soit le payen qu'en vie demoura,
33 Ainchois furrent ochis tout canqu'il en j a.
121 r 1 Oberon li gentilx roy Gorhans encontra,
De la lance qu'il tint tellement l'asena,
3 Que tout oultre le corps la lance lui passa,
O resaquier sa lance le payen reuersa,
Puis s'en viengt o chastel sur le pont s'arresta.
6 Hulin s'est aualés, la porte deffrema,
Quant jl vit Auberon, a genoulx se jetta.
Quant Auberon le vit, adoncq lui escria,
9 »Hulin,« dist Auberon »doulx amis, entens cha!
Tu m'as moult courouché dont moult anoiét m'a,
Or t'ay tout pardōné; mais aler t'en faurra
12 Droit au roy Yvorim a Monbrancq par de la,
La orras la nouuelle de celle qui t'ama.
Amer de bonne amour ains son corps ne pensa

15 Fors seullement a toy ne jamais ne fera,
 Tu auras moult affaire; mais mon corps t'aidera,
 Tant que le corps de ty loiauté pensera.
18 A celui te cōmand qui te fist et crea,
 Se tu as eū paine, joie te croistera;
 Mais ainchois que ce soit, maint anoy auera.
21 Quant tu nasquis de mere a Bordiaux par dela,
 Au naistre ot vne fee qui le te destina,
 Et celle destinee passer te conuendra.«
24 »A sire,« dist li enffes qui le roy escouta
 »Mieulx voldroie morir, de ce ne doutés ja,
 Que rechepuoir tel paine que mon corps rechut a.«
27 »Par foy« dist Auberon »souffrir t'en conuendra.«
 Hulin a l'aprocher bien baisier le cuida;
 Mais le roy Auberon tantost se souhaisda
30 Par dedens fayerie, de (!) roy se desseura.
 Dont fust esuanuïs et Hulin demoura
 En trés grande pensee, vng peu lui anoya.
121 v 1 Or s'en va Auberon par dedens faerie,   [CCXLVII
 Et Hulin demoura que Jhūcrist grassie,
 3 L'Ampatris appella, s'a dit a voix serie,
 »Frere,« ch'a dit Hulin a la chiere hardye
 »Or aués vous veū grande cheualerie
 6 Que Jhūcrist m'a fait le fil sainte Marie,
 C'est oeuure de miracle qui doibt estre prisie.
 Or serés vous bien sɔs et plain de deruerie,
 9 Se la loy de Mahom n'est de par vous guerpie;
 Car Mahōmet ne vault vne pōme pourrie.«
 »Sire,« dist l'Ampatris »je vous acertefie,
 12 G'iray auoeucques vous en France la garnie,
 Se me baptiseray au nom du fruit de vie;
 Car Mahōmet ne vault vne foeulle d'ortie.
 15 O vous je m'en jray, se dieu me benaye,
 Or dōner me vorray a la loy baptisie.«
 Lors se sont appresté aux deux (!) par cūpaignie,
 18 Si ont prins des ceuaulx en vne p[r]ayerie
 Qui eschappés estoient de la gent paienie,
 A la voie sont mis, la mer ont approchie.
 21 Hulin auoit son cor qui luist et reflambie
 Et son riche hanap ou le bon vin sur lie
 Qui estoit bien friant venoit par mainte fie,
 24 A la voie sont mis tout deux par cōpaignie.
 Hulin et l'Ampatris ne se vont arrestant,   [CCXLVIII
 A la voie sont mis, la mer vont costiant,
 27 A vng port sont venus s'ont trouué vng callant
 Du roiame d'Jllande, qui furrent marcheant
 Pour trouuer marchandise qui loeur fust pourfitant.
 30 Et quant Hulin les voit, sy en fust moult joiant,
 A l'Ampatris a dit: »Or alés demandant,
 Ou celle gent jront que je voy approchant!«
 33 Et cilx a respondu: »Tout a vostre cōmant.«.....
 122 r 1 »Se nous laissiés entrer en vostre dromont grant,
 Ja ne sera pour nous vo voie detriant.«
 3 Chilx lui ont respondu: »Vous entrerés esrant,

Adoncq vont les barons dedans les nefz entrant,
Et chilx dressent loeurs voilles, si se vont esquipant.
6 Or vous jray vng peu du ber Hulin laissant
Et du roy Jvorim vous jray denisant.
Vous aués bien oy recorder o rōmant,
9 Cōment le ber Gerame destrusist l'amirant,
Et cōment ce Hulin, segneurs, dont je vous cant
Se mist dedens la mer o lui xxx Perssant,
12 Et cōment par orage alerrent tant wagant,
Qu'i trouuerrent en mer le riche roy Gorhant.
Et Jvorim ala deuers Monbranc fuiant,
15 Moult ost pour le ber Hūe le coeur tristre et dolant
Et pour sa laide perte, pour son dōmage grant.
Puissedy Jvorim rassambla de gens tant.
18 Que deuant Aufalerne reuint cōme deuant
Et jura Mahōmet ou jl estoit creant,
Qu' Esclarmonde ardera dedens vng feu brulant
21 Et pendera Gallaffre cōme larron puant
Et tous chilx qui lui furrent aidant et confortant.
Mais Gallaffres l'aloit assés petit doubtant,
24 Avoeucques lui auoit Gerames le puissant
Et les x crestïens qui bien se vont portant,
Songneusement aloient Yvorim reuidant.
27 Or auint a che tamps dont je vous voy parlant,
C'ung messagier s'en vint Yvorim saluant
Par deuers Aufalerne en son tref reluisant.
30 Si com roy Yvorim fust en son pauillon,   [CCXLIX
  Lui vint vng messagier qui le mist a raison
Et si le salua de son dieu Baraton,
122 v 1 »Sire,« dist le message »oiés m'intencion!
De Babilone viengs la cité de regnon
3 Que jadis fust Gaudisse, vo frere le baron
C'ung ch'lr de France ochist en sa maison,
Et qui mist la chité en sa subgession,
6 Vng roy j estora a sa departison
Lequel estoit de France, Garin auoit a non.
Rois fust de Babilone; mais n'i a vng bouton;
9 Car le soudain de Perse qui coeur a de lion
A mise la cyté en tel audission (?),
Mort a le crestïen et jetté em prison.
12 Or vous mande soudain, que sans arrestison,
Alés em Babilone en l'honneur de Mahom;
Car bien scet, que la ville doibt estre en vo parchon,
15 Si que mettre le voeult en vo possession.
Jl n'en voeult retenir vallissant vng bouton;
Car la chité vous viengt de droitte estrassion
18 De par le vostre pere et le vostre tayon,
Et se le tint vo frere, tout de fy le scet on;
Mais jl le reperdit par grande trayson.
21 Ore voeult le soudain par bonne oppinion,
Que vous en jouissiés, mais que vous viengne a bon;
Mais se vous ne venés a bien courte saison,
24 Vous n'en tendrés jamais vaillissant vng bouton.«
Quant Jvorim l'entend, si dressa le menton,

Adoncq a regardé ses princes environ
27 Et puis si les a mis haultement a raison.
»SEgneurs,« dist Yvorim »oiés le mandement   [CCL
Que li soudain de Perse m'a mandé ensement!
30 Courtoisie m'a fait, que le mien casement
A ainsy deliuré de la franchoise gent.
Or j vorray aler tost [et] apperttement,
33 Et je vous lesseray cy endroit em present,
123 r 1 Si garderés mon ost bien et songneusement,
Et lors que Babilone qui sur le flun s'estent
3 Sera mise en ma main, je vous ay en conuent,
Que je reuendray cy sans nul delayement.«
Et cilx ont respondu: »A vo cõmandement!«
6 Dont s'appresta le roy, s'a prins vng poi de gent,
Puis jssist hors de l'ost a vng ajournement
Et se mist a la voye a grant efforcement.
9 Ne scay, que vous feïsse vng longc deuissement,
Tant ala Yvorim a l'orage et au vent,
Jusques em Babilone ne fist detriement.
12 Quant le soudain de Perse en sceult tout l'errement,
Contre roy Yvorim ala moult humblement,
Jusc'au maistre palaix ne font arrestement.
15 Grant feste font les roys a loeur assamblement.
Or est em Babilone Yvorim au coeur fier   [CCLI
O le soudain de Perse qui le coeur ot lanier,
18 Qui en se chartre ot fait rois Garin balancer,
Cousin estoit Huon le baceler legier.
Auoeucq le roy Garim auoit maint ch'lr
21 Qui n'auoient talent de Jhūs renoyer,
Et les roys payens sont ens ou palaix plenier
Et mandent sarrasins pour la court essaucer.
24 Et Hulin de Bordeaulx que dieu gard d'encombrier
Estoit dedens la mer, si pensoit de nager,
Mais vng orrible vent fist loeur nef desuoyer.
27 Ainsy qu'il pleust a dieu, le pere droitturier
Et qui voeult ses amis conforter et aidier,
Tant les mena le vent qui fist a resongnier,
30 Que la tour Abel virrent li noble marõnier.
123 v 1 Dont vont les marceans vistement arainier,
»Segneurs,« dïent les maistres »on ne vous doibt nïer,
3 Tout droit em Babilone jl nous faudra nager.«
Et Hulin respondit: »N'i aconte vng degnier.«
Aux marõniers pria sans point de l'atarger,
6 Que droit em Babilone fust menés o grauier.
Pour ce le fist le ber qu'il auoit desirier
De veoir son cousin Garin que tant ot chier,
9 A qui il ot donné la terre a justicer,
Bien le cuide trouer ou jl le vault laisser;
Mais jl verra la chose en aultre estat canger.
12 Quant Hulin oït dire les marõniers de mer,   [CCLII
Que droit em Babilone les faudra arriuer,
Lors dist a soy meïsmes qu'il y vorra aler
15 Pour Garin son cousin veoir et regarder.
Tant font les marõniers le grande nef singler,

C'au port de Babilone alerrent arriuer,
18 Hulin fait son ceual hors de la nef tirer
Et puis jsnellement ala desus monter,
Ossi fist l'Ampatris qui tant fist a loër,
21 A marcheans alerrent le congié demander
Et puis vers la chité se vont acheminer.
Bien j cuide Hulin le sien cousin trouuer
24 Qu'i fist o departir o palaix courōner;
Mais sarrasins l'ont fait en la chartre jester
Et bien deux chens prison ont fait emprisōner
27 A qui payens cuidoient bien les testes copper;
Mais qui dieu voeult aidier nuls ne le poeult greuer.
Hulin et l'Ampatris vont la porte passer
30 Et vont par le cauchie pour le palaix trouuer
Au perron descendirrent, puis vindrent sans tarder.
Ens au palaix seoient les deux roys o diner
33 Et auoeucq eulx auoient sarrasins et Escler,
124 r 1 Hulin vint au palais ou moult reluisoit cler,
Contre val le palais a prins a regarder,
3 S'a veü Jvorim qui tant fist a doubter
Et le soudain qui ot Perssie a gouuerner,
Adoncq lui cōmenca tout le sanc a muër.
6 Par dedens Babilone ens ou palais lasus   [CCLIII
S'est Hulin de Bordeaux au diner embatus,
Se fust moult esbahis d'Juorim c'a veüs.
9 Quant jl a les payens regardé et veüs,
Yvorim ensement qui siet entre ses drus,
Adoncq lui est le sancq moult durement meüs,
12 Vers vng sarrasin vieng qui n'i est attendus,
»Di moy,« se dist Hulin li ch'lr membrus
»Qu'est devenus Garin qui creoit en Jhūs,
15 Qui de nouuel estoit nouuiau roy devenus!«
Quant le sarrasin l'oit, si ne s'est plus teüs,
Ains a dit: »Fel traytres, felon et mescreüs,
18 Mal estes arriués; car vous serés pendus,
Par vous fust roy Gaudisse ochis et confondus.«
Lors aherdit Huon qu'i n'i attendit plus,
21 Si a trait vng coustel qui bien fust esmolus,
Hulin ala ferir par d'emprès le wibus,
O haubert l'assena qui valoit l'or Artus;
24 Mais jl ne l'empira vaillissant deux festus.
Et quant Hulin li ber se sentit lors ferus,
Jl ne se tenist mie pour a estre pendus,
27 Qu'il ne s'alast venger; car fier fust ses argus.
Jl a traitte l'espee et quant le brancq fut nus,
Le sarrasin ferj qu'i n'i attendit plus,
30 La teste, lui fendit, cōme se fust seüs;
Adoncq monta la noise et le cri et le hus.
124 v 1 Quant Hulin ot ochis le sarrasin Persant,   [CCLIV
Adoncq leua la noise et ly cry furrent grant
3 Hulin vont assaillir et derierre et deuant,
Et le roy Yvorim se leua en estant,
Jusques a la bataille ne se fust arrestant.
6 Si tost qu'il voit Hulin, bien le va rauisant,

A sa voix qu'il ot clere se va hault escriant,
»Segneurs,« dist Yvorim »alés vous accoisant,
9 N'adesés ce vassal d'oresmais enauant!«
Adoncq se tindrent quoys sarrasins et Persant,
Et le roy Yvorim va Hulin approchant,
12 »Garinet,« dist le roy »par ma foy bien vegniant!
Je cuidoie moult bien par Mahom le poissant,
Que l'aultrier fussiés mort o grant estour pesant,
15 Que deucrs Aufalernes eümes, ne scay quant.«
»Non suis,« se dist Hulin »j'entray en vng [ca]llant,*
Et arriua la nef en la terre Gorhant,
18 Le riche roy d'Jllande qui de maulx m'a fait tant;
Or en suis eschappés, si qu'il est apparant.«
»A sire,« font payens »a quoy alés pensant,
21 Quant cy endroit alés ce glouton festïant?
Ce fust cylx qui ochist vo frere l'amirant
Et lui osta sa barbe et maint grenon ferrant
24 Et m machelers de sa bouce deuant
Pour porter a Charlon le fort roy conquerant
Et s'enmena vo niepce qui de biauté a tant.«
27 Quant Yvorim oït, si mua son samblant,
Lors a dit a Hulin: »Or me dis viengs auant!
Dïent voir mes barons? Ne le me va celant!
30 Ochis tu le mien frere, ainsy que vont disant?«
»Oïl« dist Hulinet »par dieu le tout poissant.«
»Vassaulx,« se dist li roys qui Jvorim ot non   [CCLV
33 »Es tu chilx qui tua Gaudisse le baron
125 r 1 Et enmena ma niepce a la clere fasson?«
»Oïl« se dist li enffes a la clere [fasson]
3 »Ge luy ostay ses dens et aussi ses grenons.«
Et Yvorim s'escrie: »Or auant mes baron
Pour mon dieu Teruagant prenés moy ce glouton!
6 Et puis sera pendus a guise de larron.«
Dont se lieuent payens a force et a bandon
Et puis jsnellement ont assaillj Huon,
9 Et Hulin tint l'espee qui trence de randon,
Le p'mier quil ferit donna tel horion,
Que tout le pourfendit de si jusc'au menton.
12 Puis monta vistement par desus vng peron,
Contre vng mur s'appoia sans faire arrestison,
A payens se deffent par bonne jntencion,
15 Et sarrasins l'assaillent a guise de griffon.
Lés lui fust l'Ampatris qui lui crie a hault son:
»Ay beau sire Hüe, pour dieu et pour son non
18 Sõnés le vostre cor; car jl en est saison!«
Et quant Hulin l'oït, se lui vint moult* a bon,
Dont a sõné son cor, ne fist arrestison
21 Et le mist a sa bouce par tel deuision,
Que [de] la grande force lui rougist le menton;
Tou cilx qui la estoient dansoient a che son.
24 Atant es vous venus le bon roy Oberon!
Et s'amena o lui de gens telle foison,

---

124 v 16. *Hs.*: orillant. — 125 r 19. *Hs.*: voult.

Que toute emplie en fust la salle environ.
27 Aussi tost que Huon cōmēca a sōner,   [CCLVI
  Toux ceulx qui l'assailloient cōmēchent a dāser.
  Atant es Oberon qui tant fist a loĕr
30 Et vault auoeucques lui tant de gent amener,
  Que trestout le palaix en a jl fait rasser!
  Et quant Jvorim voit tant de gens assambler,
125 v 1 A Hulin est alés s'espee presenter
  Et la lui cōmēca la mercy a crïer,
3 Se lui dist: »Demoiseau, je vous voeul pardōner
  La mort de mon chier frere que vous fistes finer,
  Se me feray en fons baptiser et leuer,
6 Mais que vous me voeullés aider et conforter
  Contre le roy Gallaffre que je ne puis amer.«
  Et quant Hulin l'oït, si le coeurt acoller
9 A le fin, c'Auberon ne le face tuĕr.
  Auberon et les siens sont alés assambler
  Contre les sarrasins que dieu puist crauenter,
12 Le roy soudain ont fait le chief du bus seurer
  Et les aultres payens que dieu puist mal dōner,
  Et sarrasins s'en fuient qui n'osent demourer.
15 Le ber Hulin [ala] a paiens demander
  Et o roy Yvorim ou se vault accorder,
  Quelle part auoit fait ber Garin enserrer.
18 Et on lui va briefment vne chartre monstrer
  La ou Garin estoit ou jl n'ot c'aïrer;
  Car jamais ne cuidoit de prison eschapper.
21 Et si tost qu'il oït en le chartre hurter,
  Cuida, c'on le deuist a martire liurer.
  Adoncq se cōmenca forment a effraer
24 Et va la de bon coeur Jhūcrist reclamer
  Et prie, que son ame voeulle es cieulx hosteler.
  Quant Garin a oy en la chartre busquer,   [CCLVII
27 Dist a ses compaignons: »On nous viēt detrēcier.«
  Dont se vont trestoux la les barons esmayer,
  Et on loeur escria: »Or auant prisōnier!
30 De la chartre serés jesté sans nul danger.«
  Atant es vous Garim le nobile princer
  Qui volut tout premier de la chartre wider!
33 Et ber Hulin le va acoller et baisier,
126 r 1 Se lui dist: »Beau cousin, dieu vous gard d'ēcōbrier!
  Dieu m'a cy amené vous en auiés mestier.«
3 Quant Garim l'entendit, si le coeurt embracer,
  Et toux les crestïens le vont bel saluĕr.
  Dont est alés Hulin ens o palais mōter,
6 La trouua Auberon qui tant fist appriser,
  Deuant lui s'est alés Hulin agenoullier
  Et lui dist: »Bien vegniés, mon segneur droitturier,
9 Jhūcrist de ces biens vous rende vo loyer!«
  »Hulin,« dist Auberon »jl me fault repairier,
  A celui te cōmans qui tout a a juger.
12 Or pense du bien faire sans trayson cacher!
  Tant que tu viueras sans malisse traittier,
  Auerns tu en moy toudis bon soudoyer.«

15 A ces mos se partit, ne vault plus detrïer,
On ne fust point alé le tret a vng archier,
Quant Hulin ne choisist cheual ne ch'lr.
18 Or s'en va Auberon, et Hulin demoura,   [CCLVIII
  Et le roy Yvorim Hulin remercia
Pour le grant courtoisie, qu'i lui auoit fait la,
21 Hulin dist a Garim: »Cousin, entendés ca!
Auoeucq roy Yvorim raler m'en conuendra
Vne guerre acquieuer, faire le me faurra,
24 Puis m'en vorray raler en France par dela;
Car je croy, que Gerames j est alés, piech'a,
Et les dens et la barbe roy Gaudisse emporta «
27 »Cousin,« se dist Garin »ne demourrè plus cha;
Car oncques homs viuant tant de maulx n'endura,
Que g'y ay enduré, jamais roy n' i aura
30 Qui tiengne la chité, trop de payens y a.«
Quant Hulin l'entendit, fourment lui anoya,
126 v 1 Si a dit a Garim: »Grande pité sera,
Que ceste chité cy ainsy on perdera.
3 Voeullés y demourer! Et mon corps vous jura,
Quant auray o roy Charles en France par dela
Fait tout ce que je doy et tout ce qu'i roua,
6 Au lés par deca mer mon corps retournera
Et pour scauoir, cōment vo corps se portera.«
Ensement par ce point Garin j demoura,
9 Dont puis j reuint Hũe, ainsy c'on vous dira,
Ou moult de grant meschief en la mer endura
Et parla a Calïn qu'en vng tonnel trouua,
12 Ainsy que vous orrés qui taire se vorra.
Or cōmence canchon ou moult de beaux mos a,
Oncques nuls homs viuant de telle ne chanta,
15 Ainsy cōme Hulin en Aufalerne ala,
Et cōment ens ou camp cōtre Gerame entra,
Et cōment li ung l'aultre se recōgnurrent la,
18 Cōment Girars son frere le trayt et liura
Au bon roy Charlemaine qui hōnir le cuida;
Mais li roys Auberon moult bien l'en deliura,
21 Ainsy que je diray, quant le poiut en sera.
SEgneurs, or faittes paix pour dieu de paradis,   [CCLIX
  Le roy de sainte glore qui morut par Juïfz!
24 Matere vous diray qui moult sont de hault pris,
De Babilone s'est ber Hulin departis,
O le roy Yvorim qui moult fust ses amis
27 Et si estoit aussi li gentils Ampatris.
La endroit demoura Garin cilx de Brandis
Et plenté crestïens et payens conuerttis,
30 Et Yvorim et Hũe si s'en sont departis
Par deuers Aufalerne, si ont loeur chemin pris,
Le rouge mer passerrent, a terre se sont mis
33 Et ont tant ceuauchié les plains et les larris, =Huon de B.8010
127 r 1 Qu'i virrent Aufalerne ou le siege fust mis.   8011
Par dedens la chité dont jcy vous deuis
3 La estoit Esclarmonde la pucelle de pris,
Et si estoit aussi Gerames li flouris

Et les bons crestïens j furrent jusc'a dix,
6 Le riche roy Gallaffres les tint a moult hardis,
Et desus toux estoit Gerames plus eslis.
xııı fois auoit les payens desconfis;
9 Mais le roy Yvorim l'auoit si fort empris,
C'on n'i pouoit trouuer ne trieues ne respis.
Tant ala Juorim o Hüe li gentilx,
12 Qu'il est venus en l'ost ou furrent ses marchis,
Bien j fust Yvorim honnourés et seruis,
Ossi fust le ber Hües des grans et des petis,
15 Moult ot fait de biaux fais, ains que fusist partis,
Dont jl estoit fourment cremus et conjoys.
Les ıiı jours après, ce nous dist li escris,
18 Assaillirrent la ville, engings j ont assis.

L e fort roy Yvorim a fait ses cors sōner,   [CCLX
  A l'assault sont venus sarrasins et Escler,
21 Jlloeucques veïssiés ces sarrasins porter
Arbres, mairiens et baus pour les fosses raser.
Et ceulx dedens aloient sur les crestiaulx mōter
24 Et pierres et caillaux encontre val ruër,
Espringalles et gens telle vie mener,
Qu'ilz ont fait ciaulx de ca arrierre repairier.
27 Vng cariau d'espringalle, si com j'oys compter,
S'en viengt a l'Anpatris tellement a voler,
Que tout oultre le corps vit on le fer passer.
30 Assés près de Hulin le vist on mort jester,
Et quant Hulin le vit, le sens cuida deruer,
»Ay,« dist il »amis, dieu te voeulle sauuer!
127 v 1 Car de plus loial hōme n'oït nesung parler.
S'au roialme de France t'euisse peu mener,
3 Se t'y euisse fait ch'lr adouber
Et tant de mon auoir t'euisse(s) fait dōner,
Que nuls qui soit viuant ne m'en scauroit blamier.«
6 Puis reua a l'assault son corps aduenturer:
»E dieu, sainte Marie, voeullés moy conforter
Par quoy ceste cyté je puisse conquester
9 Pour rauoir Esclarmonde dont bien me doi doubter,
Que ce roy sarasin ne le voist violler!«
Puis dist a l'aultre mot: »A che ne doy penser;
12 Car le roy Auberon m'en fist asseürer
O chastel ou Gorhault m'auoit fait enserrer
De cilx qui me cachoient pour moy a mort liurer.«
15 S i com roy Yvorim va la ville assaillant,   [CCLXI
  Es vous le roy Gallaffres a garittes deuant!
A sa voix haulte et clere s'ala jl escriant:
18 »Segneurs, laissiés l'assault ne trayés plus auant
Et le roy Yvorim faittes venir auant!
Vne noble parchon lui feray maintenant.«
21 A Yvorim le vont les sarrasins nonchant,
»Sire Yvorim,« font jl »parlés a l'amirant!
La ville vous voeult rendre; car trop se va doubtant.«

C. Huon, roy de fayerce.

a) Nach Hs. 22555 f. 248 a 1—253 d 39.

Oiez, signour, oiez! que dié vo9 soit
 amis,   1
Li glorieux Ih'u quj en la croix fut mis!
3 Oyt aués de l'anffan Hüelin,
Oūmmēt jl fuit fors de Frāce banis,
Cōment allait a l'amiralz Gaudisse,
6 Et cōment fuit de son f're trays,
Et Auberon cōment aidier le vint
Et son roialme cōment li donnait jl.
9 Jusqu'a .III. ans li ait li t'me mis;
Paissent li .II. et auec .I. demy.
Li t'me aproche q' Auberon li a mis;
12 Pertāt serait corōnés Hüelin,
En la chaieire de faierie assis.
Gignour baron, pour dieu le royamāt 2
15 Chanson bienfaite que m'lt est
 auenāt!
C'est de Huon de Bourdelle la grant.
Li t'me vient et m'lt vait approchāt
18 Que Auberon li dit certēnemēt.
Damme Esclarmonde la belle au corpz
 vaillāt
Est d'une fille releuee a cez tempz,
21 Plux belle ren ne vit nulz bons viuāt,
Judic l'appellēt li petis et li grant.
A pantecouste, vne feste joiant,
24 Fuit a Bourdialz Hüe li combaitāt,
Grant fuit l'acord, assez y ot de gens.
Hüe se dresse, que lou corpz ot vaillāt,
27 Sor vne tauble est montés en estāt,
En hault parlait, que l'oyrēt la gent:
»Signour,« dit jl »or oiez mon sam-
 blant!
30 Vous sauez bien de voir sertēnemēt,
Que li roy Charle ou doulce Frāce
 appāt
Me fist jaidis grant païne et grant
 tormēt;
33 En vng teilt lieu m'ēvoiait voiremēt,
N'est hōme au monde quj tāt ait
 herdemēt,
Qu'j en peüst repairier sauuemēt;
36 S'y fuisse mors, se saichiez vraiemēt,

Se Dieu ne fuit par son cōmandemēt
Et Auberon li petit roy vaillāt.
39 Et puez qu'il m'ait fait de la mort
 garāt,
Je doi(e) bien faire le sien cōman-
 demēt.«
»Sire Geriāme,« se dit Hüe li frans
42 »Voiant ma gens que si sont en present
Vous don(ne) ma t're et tout mon
 chaissemēt,
Se vous requier pour Dieu omnipotāt,
45 Que lez gardez en paix et loialmēt.«
Se dit Gerialme: »V.º m'ci vo9 rant.«
Hüe ait prins vng gant m'lt aduenāt,
48 Bandez a or et ouvrés gētemēt,
Tant le Geriāme, jl lou vait resseiuāt,
Aualz s'abaixe, par la jambe le prāt,
51 Plux de XX fois li baixe en vng tenāt;
Maix li ber Hüe l'an allait releuāt.
Grant fuit la court a Bourdelle la
 lairge,   3
54 Hüe donnait Geriāme l'esritaige
Et dez barons li fist panre l'ōmaige,
Et jl si firēt, que nulz ne s'i atarge.
57 Proudomme estoit Gerialme et m'lt
 saige;
Quant li baron li orēt fait hōmaige,
Chescū revait veoir son hesritaige.
60 Maix ains que Hüe en issit de l'estaige,
Lour proiait Hüe a trestout le bar-
 naige,
C'il ait meffait a nulz de lour lignaige,
63 Se li pardoingnēt, si feront m'lt que
 saige.
Et il li dïent: »Dieu vo9 gard(e) de
 dōpmaige
66 Qu'aller voullez en t're m'lt sauuaige!«
La court despart, que nulz plux n'i
 astai[r]ge.
La court despart san plux de l'atar-
 gier,   4*
Arier s'an vont li baron chevalier.
69 Hüe remaint et sa frāche moillier,

---

67 *Die Hs. deutet den Anfang der neuen Tirade nicht an.*

O luj remaît Geriame au vis fier.
Si fait son oir' errant apparillier
72 Et son hernex trousser et atirier,
O luj enmoïne jusqu'a .X. chevalier
Et lou hernex de quoy jl ont mestier.
75 Dāme Esclarmonde n'i vot plux [atar-
gier]*,
Sa belle fille n'i vot mie oblieir;
Pourter la fist par desor .I. solmier.
78 Li ber Geriame, quant voit apparillier
Lez gens Hu[on]*, dont prāt a lair-
moieir,
Dont en jurait le pere droiturier,
81 O luj yrait pour Huon convoieir,
Dont fuit monter jusqu'a .XX. che-
valier.
Hüe s'an vait, ne se volt plux targier,
c O lui Geriame qui le volt convoier,
Et Esclarmonde, que meruelle l'ont
chier.
Et li baron vont o lui vollantier,
87 Formēt cheualchēt, pancēt de l'es-
ploitier;
De lour jornce ne vous sai anōcier.*
A Rōme vindrēt quj tāt fist a prisier,
90 Vont a l'osteit sergens et chevalier,
Hūe s'an vait, que n'i volt atargier,
A l'appostolle quj tāt fait a prisier.
93 Quant l'appostolle l'ait veūt appro-
chier,
Bien le cognut li gētis clerc prisiés,
Huon allait escoller et baisier.
96 Et jl li conte, san point de deslaieir,
Cōmēt l'estuet oultre mer repairier.
Dit l'appostolle: »Cil que tout doit
jugier,
99 Cil vous garisse de mal et d'en-
combrier!«
Or sont a Rōme Hüe et cez barnez. 5
Li Apostolle lez ait moult honnorez,
102 Et l'endemaī, quant jl fuit ajornés,*
C'est li ber Hūe vestus et conraieis,
Et* l'appostolle c'est allés confesser,
105 Congiés ait prins, si s'an est retornez.
A son osteit s'an est li ber allés
Et fait sa gens garnir et aprester,
108 Vint a Geriame, cel print a appeller:
»Sire,« dit jl »jl m'an coviēt aller.

Pour amour dieu, lez proudomme
gardez
111 Et si lez faite par droiture mener
Et lez maluaix a vo9 pouoir greuer!«
Et dit Geriame: »Biaulz sire, or
antādez!
114 Por celuj Dieu quj en croix fuit penez
O vous yrait, c'il est vo9 vollāteit,
Ne vous lairait, tāt cō(me) puisse
durer.«
117 »Sire,« dit Hüe »V.ᵒ m'rci et grey,
Maix ne puet estre, que plux auāt
venez.
Gardez la t're, si ferez m'lt que ber!«
120 Et dit Geriame: »Par le corpz Dam-
nedei
Jusqu'a Brandis o vous m'an vuelz
aller,
»Voire dela, c'il est vo9 vollanteit«.
123 »Jusqu'a Brandis auec moy an veneis,
Maix ne puet estre, que plux auāt
venez;
Avuecque moy ne paisserez la mer!«
126 Et dit Geriame: »A vostre vollāteit!«
d Adont s'an tornēt san point de
l'arester,
Pulle et Callabre ont m'lt tost re-
paissei,
129 De lour jornee ne vous vuelz aconter.
Maix jl ont tāt esploitiei et errei,
Qu'il sont venus a Brandis sor la meir.
132 Celle neut sont en vng osteit allei
Avuec la fēme Gairin de Sent-Omer.
Hüe li conte, cōment jl ait ovrei,
135 Cōment cez f're l'auoit enprisōnci
Et cōment fuit a Charlon acordei,
Cōment covient raller oultre la mer
138 Et Auberon le petit roy faiez.
Celle neut ont grant joie demenei
Jusqu' au demaī, que jl fuit ajornez.
141 Per maitin sont nostre baron leuez,
Au moustier sont trestuit ansamble
allei.
Quant li seruice fuit fait et parfinei,
144 A l'osteit vinrēt, s'aissirent au disner,
Après maingier en sont au port allei,
Vne neif font garnir et aprester
147 De bleif, de vin, de baccon et de selz

---

75 Hs.: demourer. — 79 Hs.: Huelin. — 88 = Huon de B. 2475. — 102 s.
H. de B. 2480. — 104 Et = A Vgl. 138, 195, 721 Es findet sich auch in dem
von A. Schmidt in der Zs. f. r. Ph. XIV veröffentlichten Darmstädter Bruchstück
des Gui de Bourgogne, vgl. ib. S. 524.

Et chair sallee, poix et feyues assez,
Foin et awoïne pour lez cheualz
garder.
150 Moult richemēt se sont fait atorner,
.viii. jour tout plain sont jlluec
sejornei,
Moult biē se sont garnis et cōraieis.
153 Quant orēt fait toute lour vollāteit,
A vng maitin sont ansamble leuei.
»Signour,« dit Hüe »jl m'an coviēt
aller.*
156 Sire Geriame, a Ihū demorés!
Pour dieu vo9 prie, la t're bien
gardez.«
Et dit Geriame: »Tout a vous vol-
lāteit!«
159 Au despartir ont grant duel demenei,
Hüe li anffe est en la noif antrei,
O luj sa fēme quj tāt ot de biaulteit
162 Et sa fillette ainsi qu'ot anjanrei
Et .x. baron qu'il ot o luj menei.
Dressēt lour voille, si se poingnēt
en mer,
165 Naigēt et singlēt par viue poesteit.
Tant ont ansumble esploitiei et
singlei,
En .xv. jour sont jlluec ariuei.
249a Adont s'an sont issus fors de la neif,
Ains ne finerēt de quoitier ne d'esrer*
Jusqu' au sepulcre, et si l'ont aorei,
171 S'ouffrande fist Hüe li baicheler.
Quant ont ceu fait, ne se sont arestei,
Lour voie acoillēt droit ver la rouge
mer.*
174 Dieu lez conduisse par la soie piteit!
Saluaige t're trueuet Hüe assez,
Per Famenie en est Hüe allei,
177 C'est vne t're ou m'lt ait pouerteit.
En celle t're n'ait gaire demorei,
Quant ou pays des Cōmans est antrez,
180 Se sont teil gens que ne goustēt
de bleif,
Maix la chair crüe cōe waingnō
deruej.
Li anffe Hüe lez ait m'lt redoubtez,
183 Plux tost qu'il pot s'an est oultre
passez.
Permy la t're de Foy en est allei,
Si grant y est et foid et chairiteit,

186 En sandialz cusent lez gaistialz bul-
letez,
Jai li sandialz n'ē yert ars ne brullei.*
Que p'miers vient a la coustume a
bleif,
189 Assez en prāt tout a sa vollāteit,
Que jai pour hōme ne li serait veés.
[En]* celle t're n'ay il point de-
mourei,
192 Oultre s'an paisse Hüe li baicheler,
Et si ait tant esploitiei et errei,
Qu'an vng bocaige sont li baron
antrez
195 Que m'lt yert grant et grief et*
t'pesser,
Ceu est li boix, saichiez de veriteit,
Ou Hüelin ait Geriame trouuei.*
198 Tant ont ansamble cheualchiei et
errei,
Qu'ens ou bocaige Auberon sont
antrez; *
.iiii. grant lüe auoiēt cheminei,
201 Desous vng chesne ont vng bialz
leu trouei.*
Illuec dessant Hüe li baicheller,*
Lez naippe mettēt, s'aissïent au
disner,
204 Ains qu'il s'an lieent, saichiez de
veriteit,
Aront pauour dez mōbrez a coper;
Li plux herdis et li plux alozés
207 Voroit biē estre a Bourdialz la citeit.
Si vous lairait de no9 baron (d)ester,
b Quāt lieu serait, bien en sarait parler,
210 Si vous dirait d'Auberon le faiez,
Le gētis roy que de Mōmur fuit neis.
Droit a Dunostre fuit auec son barnez
213 Ou Hüelin ot le (grant) joians tueis,
Bien li sovient de Huon le mōbrez,
Gloriant ait maintenāt appellei
216 Et Mallabron le luton de la meir
Et Esmerés et Moïnet li senés,
De faierie appelle le barnez:
219 »Signour,« dit il »enver moy an-
tandez!
Hüe si est dedē mon boix antrés,
Li hons ou monde que je vuelz plux
amer,
222 Cuj j'ai donnei toute ma roialteit

155 Vgl. H. de B. 2874. — 169-86 = Hs. 1451 Bl. 19r 1-24. — 173-94 = H.
de B. ed. Gues. 2889-2930. — 187 Vgl. H. de B. ed. Gues. S. 320 Anm. zu 87,20.
— 191 Hs. Si. — 195 et = a Vgl. 104. — 197. 199. 201. 202 s. H. de B. 3057,
3195, 3196, 3197.

Et enaprès toute ma digniteit.
Or vuel qu'j soit de vous plux hon-
   norés,
225 C'oncque ne fus en trestout mon aiez.
Dist Auberon: »Glorians, sa venez,
Prenez .n.c dez chevaliers armez,
228 Droit a l'antree de mon boix en allez!
La trouuerez Huon le baicheller
Et Esclarmonde quj tāt ait de bialteit,
231 Avuec lour fille Judic ont amenei,
Et .x. baron aussi y trouuerēz.
Je vous deffant, qu'a luj rien n'ā
   parlez.
234 Espee nūe a luj tout droit allez!
Je sarait bien de Huon le pancez,
Si m'ayst Dieu le roy de maiesteit,
237 Hūe vorait vng petit esprouuer.«
Dit Gloriant: »A vostre vollanteit!«
Atant s'an tornēt, qu'j n'i sont arestei,
240 Dont sont venus a Huon le faicz,
Espee nūe viennēt tuit abriuei.
Li boix relut environ de tout leis
243 Dez armeūre az chevaliers faiez,
Hūe lez voit, a sa gens l'ait moustrei,
»Signour,« dit jl »pour Dieu or es-
   gardez!
246 Si voy venir grant gens tous abriuez,
Ne sai, c'il sont sairaisin ou Escler.«
Li baron ont lez armé agardés,
 c N'i ait celuj, ne soit espouuātez,
Chescū s'armait san point de l'arester,
Et si ont trait le boin brāt aserrez;
252 Car biē cudoiēt baitaille voir trouuer
Contre lez gens quj venoiēt armei.
Quant Glorians ait no9 gens esgardez
255 Et qu'il voit bien, que jl furēt armez,
Nez atandit pour l'ors de .x. citeit,
Arier retorne, n'i oze demourer,
258 Droit a Dunostre l'ait Auberon contei.
Auberon l'ot, s'an ait .1. ris getei,
»He Dieu,« dit jl »tu soiez aorés!
261 Car plux proudōme ne poroit nulz
   trouer
Que Hüelin (est), plus plain de veriteit,
Moult yert bien mise en luj ma
   roialteit,
264 Bien doit auoir toute ma digniteit«.
Permy le boix cōmancēt a errer,
Tant vont ansamble li baron naturez.
267 C'une riviere ont deuāt eulx trouuei *
Ou jl n'auoit ne paissaige ne guey.

Adont se sont duremēt effraiez,
270 Que jl ne sceuet, queilz part doiēt
   aller;
Maix Auberon nes ait pais oblieis,
Mallabron ait maintenāt appellei,
273 »Amis,« dit jl, »sauez, que vo9 ferez?
A la riviere de mon boix en allez!
Huon le prous de Bourdialz trouuerez.
276 Apourtez l'outre tout a sa vollāteit
Avuec cez hōme et sa fēme ault'tez
Et sa fillette quj ait petit aiez
279 Et se li dites, quant lez arez paissez,
Que jl m'atande san pl9 de demorer!«
»Sire,« dit jl »tout a vo9 vollanteit!«
282 Atant s'an torne, qu'il n'i est de-
   morés,
Ains ne finait, si est en l'yuuwe antrés,
Oultre s'an paisse cō(me) salmon ab-
   riuez.
285 Li anffe Hūe est sor l'yauwe arestés,
Voit Mallabron venir tout abriuei,
Moult s'an m'ueille, a sa gens l'ait
   mostrei.
288 Et Mallabrun si ait l'yauwe paissez,
Quant jl fuit oultre, s'ait sa pelz
   jus getez,
 d Vint a Huon corrāt parmey le prey.
291 »Sire,« dit jl »vous soiez bien
   trouuez!«
Dist Hūe: »F''re, Dieu te puisse
   sauuer!
Cōment ais nom, gardez, nōme
   cellez!«
294 Dist Mallabron: »Sire, vous le sairez,
Li luton sus, se saichiez de verteit,
Qui vo9 paissait oultre la rouge mer,
297 Quant vous deüstez en Babillonne
   ātrer,
Et quant vous futez en l'ille enportei,
Oultre vous mis en vie ot (en)sauuetei.
300 Maix Auberon le m'auoit deveei,
Ne vous dōnaisse * nulle rien au
   passer.«
Grant joie en ot *, si lou vait escoller,
303 Dit Hūe*: »F''re, tu soie bien trouués.«
Adont s'apreste Mallabron de paisser,
Huon enporte oultre sans arester
306 Et Esclarmonde ait jl oultre paissei,
Judic sa fille quj tāt ait de bialteit,
Tout cez baron ait jl fait ault'tez;
309 De l'autre part se sont ussis a prés

267-79 = H. de B. ed. Gues. 3754-56. — 301 bessere: aidusse — 302 bessere:
j. ot Hūe. — 303 bessere: Après dist.

Et d'Auberon se prinrēt a parler
Dit Mallabron, »De ci ne voợ mobuez!
312 Ici vārait li roy a voợ parler«.
»Amis,« dit Hūe »pour moy en fait
assez,
Et s'ait pour moy maīte poīne en-
durei;
315 Maix par lhū bien (c)iert gnrādōnés.«
Entrāt qu'il ont entr'uez si deuisei,*
E Aberon li petit roy faiez,
318 O luj .x.ᵐ chevaliers deffaiez
Quj sont vestut de paile girōnei,
De drap de soie m'lt richemet ovrei!
321 .x.ᶜ mil[le] dame ait aussi amenei,
Toute sont fee, m'lt sont de grant
bialteit.
Tout deuāt vint Auberon li faiez,
324 Plux y ert blanc(he) que nulle flour
de prey,
En haulte voix c'est li roy escryes:
»Hūe, biaulz f're, tu soie bien
trouués!«
327 Hūe le voit, a t're (c)est anclinez,
Et Auberon l'an ait sus releuei.
250a Entr'aus .ɪɪ. (s)ont grant joie de-
menei,
330 Ains n'i ot fee quj ne l'ait escollei.
Dit Auberon: »Hūe, or antandez!
ll voợ coviēt droit a Mōmur aller.«
333 »Sire,« dit Hūe »tout a vous vol-
lāteit!«
Dit Auberon: »M'lt est loing la citeit,
.ɪɪɪɪ.ᶜ lūe y puet on biē conter,*
336 Moult par est loing, quant y serez
allez.
Je me sohaide de part Dieu quj
tout sceit,
Vous et vostre hōme y soiēt ault'tez
339 Et Esclarmonde et sa fille delez.«
Tantost y furēt, cōme jl l'ot deuisei,
Droit a Mōmur sont ou pallais listez.
342 Li roy cōmande, san plux de demoreir
Messēt lez tauble, s'aisirēt au disner;
Moult orēt mes, ne voợ en quier
conter,*
345 Li boin hanep lour randoit vin assez
Et auteit boire, cō(me) voroit deuiser.
Quant ont mengiei et beūt a planteit,
348 Et Auberou ait Huon appellez,*
»Hūe,« dit jl »vous soiez bien
trouuez!«
Gloriant ait enaprès appellez,

351 »F're,« dit jl »faite, si voợ hastez
Et ma corōne errāmēt m'aportez!
Je vuelz, que Hūe soit errāt corōnés.«
354 Et cil li ait la corōne appourtei,
Et Auberon l'ait a .ɪɪ. main combrez;
Quant jl la tint, si l'ait m'lt regardei,
357 Dit Auberon: »Hūe, or antandez,
Veci le dont que je vous doi(e)
donner!«
Prant la corōne, ou chief li ait pozei,
360 Voiant tout ceulx quj yerēt assamblei
De faierie ait Huon corōnei.
Grant fuit la joie c'ons y ait de-
menei,
363 Et Auberon ait Huon appellei,
»Amis,« dit jl »or estez corōnés,
Per cest baston que veés ci dorez.«*
366 Adoncque out autant de digneteit,
Cōme Auberon ot en tout son aiez.
»Hūe,« dit jl »or ais ma roialteit
369 Et avuec ceu auez ma digniteit.«
»Sire,« dit Hūe »je lou vuelz es-
prouuer.«
Dit Auberon: »Tout a vous vollanteit!
372 Il n'est rien nulle que vuelliez de-
uiser,
Que ne soit faite tout a vous vollāteit.«
b Dit Hūe: »Sire, or m'oiez dont parler!
375 Je vuelz veoir de part Dieu quj
tout sceit
De faierie toute ma roialteit.
Je lou sohaide de part Dieu qui
tout seit
378 Por le poioir que vous m'auez donnei,
Que jl me viēgne veoir en ma citeit.«
Tantost y furēt cōme jl l'ot deuisei,
381 De faierie y fuit tout li barnez,
Plux de .c.ᵐ en y ot assamblés,
Dāmes y ot a m'lt grande planteit,
384 Toute sont fee que m'lt ont de
bialteit,
Il n'est nulz hōme quj lez peūst
nōbrer.
Quant li baron furēt tuit assamblei,
387 Grant joie y ot, saichiez de veriteit.
Auberon ait lez baron appellez,
»Signour,« dit jl »enver moy an-
tandez!
390 Je ne vuelz plux au ciecle demourer,
Il me coviēt en paraidis aller;
Car nostre sire le m'ait ainsi mandei.«
393 Adont fuit Hūe en hault ciege leués,

316 = 3216. — 334-5 = 3530. 3532. — 341 = 3637. — 346-8 = 3374, 3338-9. —
365 = 3759.

Il l'ont assis es faulzdestuet dorez.
Moult par fuit bien roy Hüe hon-
norez.
396 Auberon prāt congiei a son barnez
Et a Huon que jllait corōneis.
En faierie est Hüe demourés,
399 Ancor y est, se saichiez de verteit;*
Maix li mallice est si tost tretornés,
Que on ne sceit, queil part il sont
tornei;
402 Maix ne s'aperēt, ne ne vuellēt
moustrer,
En cez grant crotte quj sont d'an-
tiquiteit,
Que fee firēt, m'lt ait loing tempz
paissei,
405 Se sont repuis, saichiez de veriteit
Pot en voit on ne venir ne aller.
Hüe si est a Mōmur demourez,
408 Auberon est en paraidis allez.
Li roy appellet Mallabron li senez,
»Amis,« dit jl »enver moy antandez!
411 Pour moy auez mainte paine andurei,
Jai me jetaiste d'une grant pouerteit.
Or vuelz, que tout voꝰ soit garā-
donnei:
414 .Lx. ans doi[s]* estre luton en mer,
Et je te dit, n'i serait tāt d'aissez (?)
D'uy en vng an aurais tout affietier*.
417 Et avuec ceu je te vuelz ci donner,
c Qnāt toy plairait, serait hialme
gemez,
Escus ou tairge ou boin brāt asserrez.
420 Cheualz ou hons, quant ert ta vol-
lāteit,
Haubert ou lance, se lou vuelz
ault'tei.«
»Sire,« dit jl ».v.ᶜ m'ci et grey.«
423 Ḍist li roy Hüe: »Oroiez ma pācee! 6
Je vuelz, ma fēme soit demaī
corōnee.«
Et cil ont dit: »Yceu bien nous agree.«
426 Li roy ait dit a la chiere membree:
»Deuāt Dunostre en celle belle pree
Vuelz je, qu'i soit la feste demenee.
429 Belle est la plaice et prez de meir
fondce,
Je m'i sohaide par la vierge honnoree,
Per la vertus qu' Auberon m'ait
donnee,

432 Que je y soie et ma gēt la faiee
Et cil aussi quj sont de la contree.«
Tantost cōme ot sa raison deuisee,
435 Il furēt tuit san faire demoree;
Il!uec[ques] fuit sa fēme corōnee.
Moult trez grant feste y ont le jour
menee;
438 Maix ains qu'j fuit la feste desseuree,
Orront teilt chose par la vierge
honnoree
Dont corrouciei seront la gēt faieie.
441 Ḍesor est Hüe a Dunostre ou pallais, 7
O luj sa gēt dont illi ot grant faix.
De luj lairait orandroit, c'il voꝰ plait,
444 Si vous dirait d'Agrappart le maluaix,
Le grant joiant quj tāt par estoit lais,
A cuj li roy se combaitit a faix.
447 Il li copait l'oreille a vng soulz faix,
.xiii. furent dez joiant trop punais
Quj saiuent, Hüe a Dunostre est jai.
450 Lour malle mere quj en mer conu'sait
Les ait mandei trestout san nulz
delai,
Que a Dunostre est la feste ou pallais
453 Dou cheualier que si mal l'atornait,
La destre oreille a Agrappart copait;
C'il ne s'an vange, jamaix ne main-
gerait.
456 Agrappart dit, que bien s'an vāgerait.
457 Ạgrappart ait tout cez frere mandés 8
Atāt de gēs, cō(me jl) porēt amener.
459 Premier y vint Pudigās li deruez,
D'enfeir après Richenair li ozés,
Noixous, Bruians, Broais et Escouffez
462 Et Roboan, Mauffrians li desuez
d Et Quiquenars qui est li plux doubtez.
Trestout li mēre, saichiez de veriteit,
465 Estoit si grant, quant estoit susleués,
.xviii. piet auoit tout li moinneis.
Mal ait la mere quj lez ot tout portés!
468 Ọiés, signour, pour Dieu et pour
son nom, 9
De celle mere antandez la faisson!
Grant est et fiere, crestee cō(me) lion,
471 Si nit lez ongle grande et trāchāt
en son,
Lez dent ait loing, do m'lt pute
faisson,
De cez oreille sont grant li florisson
474 Que .xii. piet pour verteit ot de loing,

---

399 *Die unvermittelte Anknüpfung und Verworrenheit der folgenden Zeilen
deutet darauf hin, dass hier ein späterer Zusatz beginnt.* — 414 *IIs.:* doie. —
416 *Bessere etwa:* affiné.

Et si en nouue en meir sans nauiron.
Lez eulx ot rouge cō(me) ceu fuit
.ı. charbon.
477 Ains ne vy fēme de si laide faisson;
Celle ferait m'lt grant poīne Huon.
480 Or sont trestuit li joians assamblei 10
A tāt de gūs cōme jl porēt nōbrer.
Garnis se sont, si se poingnēt en mer,
Trestuit li frere s'i sont ansamble
entrei
483 En vng challāt m'lt grant et bien
ferrez.
Oncque n'i mirēt ne pain ne vin ne
bleif,
Ne maix lour arme dont jl se sont
armez,
486 Cheualz y mettēt a m'lt grande
planteit,
(Ne) Mie pour tāt, qu'j vuellēt sus
mōter,
Ains lez maing[u]ēt chescū jour au
disner.
489 Dressēt lour voille, si se poingnēt
en mer,
La mere saiche quj lez fait tost aller,
Vne challoīne ot en son colz fermei,
492 Li aultre bes en estoit en la neif.
La meire saiche et pance de l'arreir,
Perdeuāt tire come buef atallez,
495 Tant ait la vielle et saichiei et tirei,
Oncque ne volt tant ne quant atireir,
Ne [ne] mōgait, tant se volloit haister,
498 Fors le poxon qu'elle prāt en la meir.
Jai n'iert si grant, c'elle le puet
combreir,
Qu'a ung soulz cop ne l'ait tout
auallei.
501 Tant ait saichiei li ēnemi malfelz,
De lez Dunostre lez ait fait ariuer.
Or sont a riue li ēnemi malfez,
504 Es prey se logēt. Es ley voʒ arestés!
Agrappart ait cez frere appellés,
»Signour,« fait jl »enver moy an-
tādez!
251 a Or vuelz aller a Dunostre parler
A cez Fransoy quj est de Frāce neis,
Que Auberon y ait fait corōner,
510 Maix jl ne puet longemēt demourer.«
Dit Rechignair: »Biaulz frere, voʒ
n'irez,
Pour vous yrait le messaige conter,
513 Moult sus dollāt, quant noʒ frere
ait tuei
Et puez si est si près de nous remeis.

Maix or me dite, que (li) vollez de-
nāder!«
516 Et dit Broairs: »Ains m'i lairez aller.«
Dit Quicquenair: »Ains y faisons
trotter
Broairt mon frere que vous icy
veés!«
519 Et quant l'antandēt li ennemi malfelz,
Tuit s'i acordēt qu'j ne l'ozēt veer.
Broair s'armait que m'lt fist a doubter,
522 Vng haubert veste, blan fuit cō(e)
flour de prey,
.xıııı. piet ot de grant mesurez,
En la largesse pueent .vı. hōme antrer.
525 Trestout a piet s'an vait ainsi armés,
Vng maillot porte de feir groz et
quarez,
.ıııı. cheualz y eussēt que pourter,
528 Et Agrappart li cōmance a cryer,
»Frere,« dit jl »sauez, que vous ferez?
De moie part au vaissaz conterez,
531 Que de Dunostre doi(e) je estre
avouez,
Mon frere fuit l'Orguillous au vis cler,
Je doi(e) tenir après luj l'esritez.
534 Moult fait [il] mal, quant jlli est
antrez,
Ma destre oreille n'ai ge pais oblieis
Qu'il me copait sous Babillōne es prey.
537 Dite li biē, ne li soit jai cellez,
Que pour yceu que si m'ait atornei,
Que jl m'envoit celle qu'ai espozei,
540 Fille Gaudisse, qui pour lui fuit tués!
A li girait et vous, frere, ault'telz
Et tout noʒ frere qu'auons ci amenés.
543 Se jl lou fait, je lou lairait aller
En son pays arier a saulueteit.
Et s'i non fait, si lou me deflīez!
546 Maix gardez bien, que vous ne l'adesez
Deci a tāt, qu'arez a moy parlei!«
»Frere,« dit jl »je ferait tout voʒ
grey.«
549 Atant s'an vait Broairt li desueez,
Oncque ne volt tāt ne quant arester,
Si est venus a Dunostre sor mer,
b Vint a la porte, maix jl n'i puet
antrer,
Li hōme y baitēt quj y sont tres-
gitei.
Broair lez voit, m'lt en devint anflez,
555 Il escriait m'lt en hault li desués:
»Tenez vous quoy! Que c'est que
vous baités?
Per lez diable n'estez vous pas laissez?

558 Reposés vous, laissiez moy ens
 entrer!«

Et jl ne scessĕt tant ne quant def-
 fraipper,

Broairt lez voit, m'lt en est ayrez,

561 Le maillat hau[ce], .1. en ait si frappei,
 Que son maillat ait parmy troncenei.

Le remenãt ait sor son chief getei,

564 Covrir se cude Broairt le deffaiez,
 Tant que jl fuit oultre l'angin paissez.

En .1111. piece le coviĕt troncener,

567 Et nompourquant c'est jl oultre
 paissez,

Jusqu'au pallais ne se volt arester,

Huon (la) trouuait quj sceoit au disner.

570 Si roidemĕt ait li joians paissez,
 Que sor la tauble est li vin reuersez.

Dist l'un a l'autre: »Et d'ou viĕt li *
 malfez?

573 [Li]* viff diable l'ont or si appointei.«
 Et li joiant cõmansait a cryer,

»Frãsoy,« dit jl »quj estez corõnei

576 Et par cuj fuit li mien frere tueis
 En ceste tour ou estez ostellez,

Seis, que te mande Agrappart li
 annés?

579 Que de s'orelle n'estez pais acordez
 Que li copaist[e] sor Babillonne es
 prey.

Maix sauez vous, que vo9 pour ceu
 ferez?

582 Dãme Esclarmonde vo9 li envoierez.
 O lié geyrait et ferait tout cez grey.

.x111. sõme d'une mere anjanrei,

585 Tuit y gierons a nostre vollãteit,
 Pues serait airse ou noieie en la meir,

Et vous arier en vo9 pays yrez.

588 Se vous [ci] estez demain a l'anjorner,
 Pandus serez, n'ã porez eschepper.«

Quant l'oyt Hüe, li sanc li est mũez,

591 Et nompourquant jl ait m'lt bien
 parlei,

»Musair,« dit jl »m'lt par futez ozés,

Quant de ma dãme dite teilt folletez.«

594 Sus est saillis et jl et cez barnez,
 Les espicz prãnent que sont groz
 et quarcz,

c Et quant Brouart lez vit si atornez,

597 En füe tourne, s'aualle lez degrey,
 Vint au guichet ou li baitere yert,

Paisser vout oult[re] li sairaisins
 deruez;

---

571 Hs.: si. — 572 Hs.: Come.

600 Maix li baitere li ait tel cop donnei,
 La teste en fait en .111. piece voller. ‹

Hüe le trueue jlluec et cez barnez,

603 Ens ou pallais l'ont amont traynei
 Et puez si ont vng mangoney leuei,

Arier le gettĕt, si formĕt l'ont ruei,

606 Entre cez frere est cheüs li malfés.
 Si formĕt ait Richenart assenei,

Le haiterelz li ait il tronssenei.

609 Agrappair voit, son frere est tués,
 Moult est dollãt, assez l'ait regrettez.

»Hey, Broars frere,« se ait dit li
 maulfez

612 »Cil que t'ait mort m'ait m'lt le
 cuer yrez,

Pandus serait ains demaï l'auesprer.«

Or ont grant duelz tut li .x11. joiãt. 11

615 Atãt es vous la joiande venãt!

Cez filz voit mort, dont crie si formĕt,

Que .111. lüe l'oyt on plẽnemĕt,

618 Hüe lez voit de son pallais pl9 grant,
 La mere est noire plux que (poivre)
 n'[est] aremĕt,

Regarde en mer, s(i)'ait veüt maït
 challãt;

621 Maix sor tous doubte lez joiãt quj
 sõt grant

Et la lour mere quj est de lour
 samblãt.

Trestout li mẽre ait .xv111. piet de
 grant.

624 Li roy fuit m'lt dollãt et corrouciez 12
 Pour lez joiant que s'i sont ap-
 prochiés

Et de son hõme qu'au guichet fuit
 dressiés.

627 Mallabrin voit, que li roy est yriez,
 »Sire,« dit jl »pour quoy vous es-
 maiez?

Per moy serez tout maintenãt aidiés.«

630 Vint au guichet, l'õme trouuait
 blessiei,

Tantost l'anforse, qu'aïs ne fuit
 plux ãtier.

Quãt Mallabrin ot tout laixiei
 l'ovrer, 13

633 Vint au guichet errãmĕt deffermer,
 Defors s'an ist, que jl volt despancer,

Dit, qu'a Huon volrait jl biõ tanceir,

636 C'il n'i auoit que luj, n'estuet douteir,
 Avuec le dons d'Auberon le faiez

N'auroit il garde de teilt .v.c malléz.

d Car tāt auoit en luj trez *grant* bonteit
  Per la vertus le roy de maiesteit.

Ǫuant Mallabrin le guichet desfer-
  mait, 14
642 .ı. van en ist que l'angin jus versait,
  Cilz que baitoiēt furēt quoy a com-
  pais,
  Et Mallabrin errāmēt s'an tornait.
615 Droit ver la mer Mallabrin s'an allait,
  Per lcz joians a Agrappart hurtait,
  A t're chiet vng dez bras brisiei ait,
648 Et Mallabrin en la mer [se] plonjait.
  Telz vint chantāt que m'lt *par* tāt
  plorait;
  Car Mallabrin maīs en y noierait.

Ǫuant Mallabrin fuit entrés en la
651 mer, 15
  Jusqu'a gallee ne cesse de nouuer,
  A la premiere cōmansait a tircir,
654 Que jl ait fait si fort la neif crolleir,
  Ceu qu'iert desoure ait fait en baix
  tōber;
  Plux d'un millier en fait en mer
  verser.
657 Az aultre neif en vint san demorcir,
  .ıj. en ait fait si ansamble hurter,
  Toute lez fait fandre et escarteller.
660 Li paien voiēt et prānūt a floter,
  Tant en noiait, nulz ncl poroit nūbrer.
  Puez a Dunostre pancēt de retorner,
663 A Huon conte, cōmēt jl ait errei.
  Quant li roy l'oyt, prāt l'an a m'cyer:
  »Amis,« dit jl »je vo9 doi(e) m'lt
  amer,
666 De maīt perilz m'auez fait delivrer.«
  La neut paissait, si print a adjorner,
  Li joiant cudēt, lour gēs voiēt armés,
669 Jusqu'an la meir en sont encontre
  allei,
  Venir lez voiēt flotāt par mey la meir
  Cōme pourceaulz c'ons eüst assōmei.
672 Quant jl lez voiēt, dont prēnēt a crīer:
  »Or a la tour, faisons la creuāter!
  Tuit nostre hōme sont noieis (ens)eu
  la mer.«
  (Droit ver la tour s'un vūt tuit li
  joiant.)
675 Ɗroit ver la tour s'an vūt tuit li
  joians, 16

Lour malle *mere* s'an vait deuāt
  fandāt,
  Piere m'lt *grant* vait antour lié getāt,
678 La māre piere qu'elle vait si ruant
  Ne la menaissēt .xıı. buef en traiant.
252a Hüe lez voit s'an ot le cuer dollant
681 N'est de m'uelle, c'il la uait re-
  doubtant,
  Et voit cez filz quj après vont hurlāt,
  [Qu'|on n'oyst pais [nis] dāme Dieu
  tonāt *.
684 Hüe lez voit, si lez vait redoubtāt,
  Et nompourquant si fait jl belz sam-
  blāt;
  Car bien se fie en Mallabron le frans.
687 Ǫuāt li roy Hüe voit venir lez
  . malfez, 17
  Voit Mallabrun, se li ait demādei.
  Dit Mallabron: »Biaulz sire, or an-
  tandcz!
690 Jai pour telz gens ne vous descon-
  fortez,
  Maix cōmandez vostre tour a fermer!«
  Et dit li roy: »Vous auez bien parlei,
693 Et je souhaide de part Dieu qui
  tout sceit
  Per le poioir qu'Auberon m'ait donnei,
  Qu'autour Dunostre ait vng si *grant*
  fossez,
696 .ıı.ᶜ piet ait de lairge mesurei
  Et de parfons .ıı.ᶜ piet ault'tez,
  La meir y soit, d'yauwe soiēt raizei.«
699 Tantost y fuit, cōme jl l'ot deuisei,
  Per faierie et par la digniteit
  Que Auberon li roy li ot donnei.
702 »Encor sohaide,« dit Hüe, li mēbrez,
  »Que si deuāt, si c'on i doit antrer,
  Ait jl vng pont de feir [et] *grant* et lez.
705 Quant je volrait et yert ma vollāteit,
  Si trez formēt cōmēt, qu'il puet torner,
  Mollin auāt ne peust si roit aller.«
708 Tantost y fuit, cōme jl l'ot cōmandei,
  Hüe regarde et voit tout atournei,
  Quanqu'il auoit et dit et deuisei.
711 Grant joie en moīne, Mallabron l'a
  mostrei.
  Atāt es vous lez joians tous armés!
  Chescū portoit (ou) maillat ou croc
  bandei,

683 Hs.: contāt Vgl. wegen einer Sammlung von Belegstellen für diese sehr
beliebte Hyperbel: Galïens li Restorés (Ausg. u. Abh. LXXXIV S. 397 ff.) Noch in
No. 29 der Cent Nouvelles nouvelles findet sich: j'ay veu qu'on n'oyst pas Dieu
tonner en une compaignie où il fust.

714 Flaiez ou haiche, trestout d'aicier
trāpei.
De le manre arme que portoit li
malfez
.iiii. roncin y eussēt que pourter.
717 Viēnēt au pont, leans cudent entrer;
Maix jl lou trueuōt si duremēt tornez,
De lour mail fierēt qu'j lou cudēt
quasser,
720 Grant cop y gettēt, sou cudent
arester.
Quant l'ait veūt la mere et* cez
malfez,
Es foussez saulte, si ait oultre passez,
b Plux tost qu'osel n'eūst oultre voullez.
Deden lez mur fait cez ongle antrer.
Adont cōmance lez quarialz a oster.
726 Dāme Esclarmonde cōmansait a cryer.
»Sire,« dit elle »veós pour l'amour Dei,
Veés vng diable d'anfeir enchaiēney
729 Que cest[e] tour cude jus crauāter.«
Hūe la uoit, si ait .i. ris getei,
Mallabron dit: »Amis, car y allez,
732 De cest diable pour Dieu no9 de-
livrez!«
Dist Mallabron: »A vostre vollāteit!«
Vint a la porte, si est en l'yauwe
antrés,
735 Après la vielle cōmansait a noieir;
Quant fuit darriere, que jl la pot
combreir,
Per l'un dez piez la cōmance a tirer,
738 Si c'ou foussez la fist aualz verser.
Qr ot en l'yauwe le luton Malla-
brin 18
Avuec la vielle de bidouze faisson,
741 Fort se combaitent la vielle et li
luton.
La malle vielle ait saisis Mallabron
Permy le bras par teil(le) deuision,
744 Cez ongle antrēt en la chair Malla-
bron.
Mallabron haulce l'aultre bras con-
t'mon
Permy la teste le diable fellon,
747 Dessus li monte trestout en che-
ualchon,
Au fons la plonge, (ou) elle volcist
ou nom.
Mallabron est ens ou fons dou fous-
sez 19
750 Ou la vielle ert cuj jlli ot menci,

721 et = a   Vgl. 104.

Lai ce combaite li diable en infer.
Maix Mallabron l'ait si biꝺ escollei,
753 Que ne se puet tāt ne quant remūer.
La vielle boit sens son escoit conter,
Quant ait beūt, qu'j la covint creuer.
756 Quant Mallabron l'ot ainsi atornei,
Desoure vint, si cōmance a nueir,
La vielle lait desus l'yauwe flotter,
759 Près de la riue l'ait Mallabron boutei;
Que lez joiant en volloit tormēter.
Quant jl la uoiēt tāt ne quant re-
mueir,
762 Lour crochet getēt et prānent a tireir,
De fors la saichēt, grant duelz ont
demenei.
Quāt ont lour mere fors traite li
joians, 20
c Crīēt et braïēt et vont grant duel
menāt,
Au pont de feir sont venus acorāt,
Lour cros y getēt, si lez vont arestāt.
768 Li .vi. montcrēt sur le pōt errāmēt,
Li aultre tiēnēt le pont tout quoy
estāt.
Quant Hūe voit sor le pont lez joians,
771 Adont ait dit tost et appertemēt:
»E(s) pont, car torne de part le
Dieu cōmant!«
Et jl se fist fort et si durcmēt,
774 Que li joians quj sont sus en estāt
Si fort se hurtēt l'un a l'aultre en
estāt,
Es foussez chieent trestut en .i. tenāt.
777 Illuec noierēt a duel et a tormēt,
Or n'an y ait que .vi. de remenāt.
Quāt li joians voīēt lour frere mors, 21
780 Grant duel demoīne et si braïēt
m'lt fort,
N'ozēt au pont approchier quj est fort,
En hault escrīent a Hūe: »Venez fors
783 A nous combai re, se ozés, cors a cors!
Dou chaissemēt auez no9 frere mors!«
Hūe lez oit crieir, si ait affors
786 Dit a sa gens: »Je vuelz aller la fors.«
Dist Mallabron: »Ens yrait je, mes
corpz,
Je vuelz, que soie vng cheualz grant
et fors
789 Enmy cez prey que je voy la deffors.«
Tantost y fuit, que Mallabron li cors
Cheualz devint m'lt grant et fier
et fors.

792 **M**allabrin est cheualz en my cez
　　prey, 22
Henist et graite, grant joie ait de-
menei.
Li joiant virēt li destrier encellei,
795 Oncque ne virēt si bel en lour aiez,
Celle part vont tuit ansāble avnei.
Noixous y viēt p'mier, sou vuelt
cōbrer,
798 Dessus montait, aīs ne li fuit vaiez.
Quant Mallabron sant le joiant mōter,
En füe torne, c'est saillis en la mer.
801 Jai noierait, se jl ne sceit noeir.
(Mallabron vint en my le prey arier)
Mallabron vint en my le prei
　　ariere, 23
Et li joiant corrēt par la pouriere,
804 Aprez lui vont par m'lt fiere maniere.
d Et Mallabron haulce le pict d'ar-
riere,
Fiert Agrappart deuāt a l'ancont-
r[i]er[c],
807 Le pis li frouxe cōme rain de
fouchiere,
De tout lez aultre n'i remaīt piece
antiere,
Tout lez ocit et puez s'an vint ariere,
810 Vint a Dunostre a m'lt trez belle
chiere.
Tuit furēt mors li fel joians trichiere,
Lour malle mere quj tāt par estoit
fiere.
813 **Q**uāt Mallabron ot ocis lez joiāt, 24
Adont en vint a Dunostre la grant.
Moult ont grant joie, saichiez ser-
tēnemēt,
816 Dāme Esclarmonde l'escollait doul-
cemēt,
Grant fuit la joie que jl vait demenāt,
Hüe appelle Mallabron: »Vien auāt!
819 La penitōce que dobuez faire vng ans
Quitez en estez du cest jour en auāt,
Si serez maix tous jour mez chā-
berlans,
822 Si vous donrait auec ceu .1. present,
Judic, ma fille quj tāt est aduenāt.«
»Sire,« dit jl ».v.c m'rci vous (en)
rant«.
825 **A** pantecoustc que on dit en esteit 25
Fuit li ber Hüe a Dunostre montés.
Il et sa gēt, dont jlli ot planteit
828 Et Mallabron que m'lt ait en charteit.
Grant fuit la joie que jllot demenei.
Hüe s'aisist en faulzdestuet dorei,

831 De lez luj sist Mallabron li senez,
»Signour,« dit Hüe »enver moy an-
tādez!
Je vuelz veoir tout mō riche barnez,
834 Je lou sohaide de part Dieu quj
tout sceit,
Que autour moy soiēt si assamblei.«
Grant fuit la joie que jllont demenei.
837 Mallabron ait la pucelle espouzei,
Fee y ot a m'lt grande planteit
Que biaulz juyaulz lour donnerēt
assez.
810 Maix ne vuelz pas ici tout raconter,
Lez tauble mettēt, si scieent au disner,
Grant sont lez nopce, ja mar en
doubterez.
843 Si vous lairait dou roy Huon ester.
Si vous dirait de Huon le desuey
Quj estoit frere Guibuart de Vymez
846 Que Auberon out fait hault encrōez
253 a Ci
Et
849 Il
.xx.
Soi
852 Pui[x]
A roy
Per
855 De ba
Et la
La dedens
858 Toute
A bourd[elle]
La ville
861 Lez plux
Toute
Dedē b[ourdelle]
864 Geriame
Et jure d[eu]
Que jl se
867 Maix il se
Si cō(me) po[ez oïr]
Se Dieu [garisse]
870 **L**i fiz l'am 26
A nis en l
Geriame ploure
873 »Helais«, dit jl »po[ur dieu de paradis]
He Hüe, sire, gen[tils]
A moy donnaiste [Bourdelle le grant
cit],
876 Maluaise garde en [ceste citeit fis]
Et en la fin en ser[ai ·jou punis],
Pandus au fourch[es ou autrement
/ occis.«]

7*

879 Si se demante Geria[me li gentil.]
 Jusqu'au demaī que jo[rs fu es-
  claircis.]
  Au maitinet, quant jl [vint ajorner],
882 A Sont li fellon tuit [illuec assamblé].
 Lour conceil(le) prănent [li paien
  malfaé],
 Cōment Gerame poront [bien en-
  combrer],

885 Dïent li maistre: »Signour, car l'[en-
  cröez!«]
 Adont fist on vnc fourche le[ucr],
 Et Geriame ont fait errăment [mener],
888 Ens en la saulle font le(z) baron
  [bouter]
 E l'ont loieis moult fort a vng
  p[iler]

Blatt 253 b c sind abgerissen, von c sind von Zeile 6 an die Versenden vorhanden:

938	tez	951	usser
939	eit	952	esc]oller
940		953	desseurer
941	ey	954	poue]rteit
942	e]schepper	955	bourdiaz remez
943		956	et le rēgnez
944	s echepper	957	Mallab]ron le faicz
945	er	958	co]rōner
946	tez	959	auăt n'ā orez
947	ez	960	ait la fin menez.
948	ller		livre de Hüelin de
949			dou roy Auberon
950	m]ais durer		

2) Nach Hs. 1451.

a) Bl. 67 r 13—69 r 23.

67 r 13 Ainsy fust Garin roys de ceste region [CXX
Et se tint la chité du demoisel Huon
15 Et ala conquester le pays enuiron.
Or vous vorray compter du linage Mahom,
Qu'envers Mont-Obscur firrent adoncq repairison.
18 Pour la mort Agrappart furrent en marrison
Que Hulin auoit mort a loy de campion.
Le gaiant Agrappart dont je fais mencion
21 Auoit bien xii freres en jcelle saison
Qui toux furrent gaiant orgueilleux et fellon.
Quant sceurrent d'Agrapart trestoute l'acoison,
24 Moult en furrent dollant en loeur condission,
Tout droit a Mont-Obscur s'en vindrent li glouton.
La tindrent parlement li prince d'enuiron
27 De la mort Agrapart qui le coeur ot felon,
Cōment vng crestīen de France le royon
L'auoit mort et ochis par grant destrusion.
30 Ainssy cōme jl faisoient entre jaulx deuision,
Es vous vng sarrasin qui descent o perron,
67 v 1 Si trouua les gaiant qui sont de grant renon,
A sa voix qu'il ot clere leur cria a hault ton:
3 »Mes segneurs, pour Mahom or oyés ma raison!
Tes nouuelles diray ains le conclusion
Dont merueilles aurés a bien briefue saison.«
6 »SEgneurs,« dist li paien »oiés c'on vous dira! [CXXI
Roy Gaudisse est mort, jamais ne mengera.«
»Vassaux,« dist le gaiant »dy nous qui le tua!«
9 »Beau segneurs, ce fust cil qui vo frere mata,
Qui devant Babilone jloeucq mort le jetta,
Deux aultres de vos freres o castel affina,
12 L'ung fust li Orguelleux du chastel pardela.
Or vous diray, cōment jceste chose ala,
Pardedens le palais Gaudisse deffia,
15 Quant j l'ot deffīét, vng cor en hault sonna
Et o son de che cor tant de gens assambla,
Que toute la chité en emplit et rasa,
18 Qui en dieu ne vault croire, la teste perdu a.
Le crestīen de France a Gaudisse en ala,
Le cief lui a osté, la barbe lui rasa.
21 iiii dens macelers ossi jl lui osta.
Et la luy oïs dire, c'o lui les portera,
O roy Charles de France dist, qu'i les liurera,
24 Et Esclarmonde aussi dist, c'o lui enmerra.
Elle lui creanta, Mahom renoiét a
Et la loy Ihūcrist en France aourera,

27 Se vengier vous volés, aultre chose n'i a:
Prenés ncfz et calans! Car errant montera,
O chastel l'Orgueilleux, je croy, s'adressera.«
30 Quant les gaians l'oïrrent, chascun s'i afficha,
Que Hulin li gentilz a paix n'i passera,
Loeur nef font apprester en la mer par dela.
68 r 1 Or voeulle dieu garder qui le monde fourma
Le demoisel Hulin! Car mestier en aura.

3 Li gaians appresterrent loeurs nefz et leurs calās   [CXXII
   Et puis les ont emplis de Turcqs fors et poissans,
   Puis se mirrent en mer, qu'i ne sont delaians
6 Pour estre le vassal Hulinet attrapans.
   Et Hulinet le ber em Babilone grant
   Estoit o ses amis et Garin le plesans,
9 Gerames estoit la qui les ceueux ot blans,
   Vng vaissel appresterrent c'a merueilles fust grās,
   Mis j ont garnison pour bien viure sept ans
12 Et moult nobles joiaulx et bons destriers courans.
   Dont j mist Esclarmonde la puchelle plaisans,
   O lui ıııı pucelles douces et auenans,
15 Gerames entra (ded)ens qui fust preux et vaillans
   Et les xıı escuiers que Charles le puissant
   Consentit, que Hulin fust auoeucq lui menant.
18 Moult fust belle la naue, deux chasteaulx j ot grans,
   Plus belle nef ne vit nuls homs qui soit viuans,
   En la nef est entrés Hulin le combatans,
21 A dieu se cōmanda qui ou chiel est manans.
   ııı jours nage li ber, se nous dist le rōmans,
   Et au ıııı° après encontra les gaians
24 A Lx vaisseaulx riches et souffissans.
   Et quant Hulin les voit, tout lui mua le san,
   A Gerames le ber alla tost desrangnant,
27 »A Gerames,« dist jl »Jhūs le tont poissans
   Nous voeulle toux aidier! Car jl en est bien tans.«

   »Gerames,« dist Hulin a la chiere membree   [CXXIII
30 »Se ce sont sarrasins, nostre vie est finee.«
   »Oïl,« se dist Gerames »eus en l'ensengne lee
   Ay veū Mahōmet en figure doree.
68 v 1 Sōnés le vostre cor sans nulle demouree!
   Et se vous ne le faittes, nous n'i aurons durec.«
3 »Gerames,« dist li enffes »pour la vierge loee,
   Que diroit Auberon qui tant a renōmee?
   Encore n'est ma char (ne) playe[o] ne naurce,
6 Et si n'auons encore ni assault ne merllce,
   Ja jl ne m'auerra, tant que j'aye duree.«
   Atant es vne nef qui s'est denant hastee!
9 Vng sarrasin venoit criant a la volee:
   »Rendés vous, traytour, ou vo vie est finee!«
   Lors fust la nef Huon antour avirōnce,
12 Se furrent assaillis de celle gent deruee.
   Hulin se deffendit a la trenchant espee
   Et Gerame(s) enssement d'une hache aguisce,
15 Dont crioit a Huon a moult baulte alence:
   »Sire, sōnés vo cor sans nulle demource!«

Ainsy com ly danseaulx en auoit la pensce,
18 Atant es Malabron par my la mer salee,
A guise de poisson nage de randonnee,
Dessoubz les nefz mucha de telle randonnee,
21 C'ains n'i demoura nef qu'i n'ait toute versee.
L'eaue entre dedens sans nulle demouree,
Ne scay, que vous en fust la canchon deliuree.
24 Ainssois c'on fust alés de terre vne lieuee,
Ne remest jlloeucq nef qui ne soit effondree.
Ensement Malabron en celui jour ouura,   [CXXIV
27 Tous j furrent noyés les paiens pardela,
Et quant Hulin le vit, grant joie en demena,
Bien perchut Malabron, adoncq lui escria:
30 »Bien viengne, mon amy, et qui cy l'enuoya!«
Adoncques le lieuton en la mer se plonga,
Et Hulin le gentilx par my la mer s'en va,
33 Auoeucq lui Esclarmonde que par amours ama.
69 r 1 Tant le voit doulce et tendre, que moult la conuoitta,
Dont la baise et acolle et tant s'i escoffa,
3 Nature et ennemy tellement le tenta,
Qu'i dist a la pucelle qu'auoeucques lui gerra,
Et se deuist tout perdre quanques en la nef a.
6 Quant la pucelle l'oit, tout le sancq lui mua,
»Hellas, amy,« dist elle »pour dieu n'i pensés ja!
Car le roy Auberon si le nous deuea
9 Et vous deffendit bien et ossy m'en pria,
Qu'a vous je n'atouchasse jusqu'a tamps, c'õ aura
Leué et baptisé le mien corps pardela
12 Et espousee aussy, tout ainsy le rouua.
Se vous en deportés pour dieu qui tout crea!«
»Amie,« dist li enffes »ja jl ne m'auerra,
15 N'ay qu'a faire de lui; puis que mon corps uiors a
Ces malostrus gaians ou maloitte gens a,
Jamais n'auray que faire de lui au lés de ca.«
18 Adoncq jsnellement Esclarmonde acolla,
En vng destour priué vistement le mena,
Et celle fist grant noise qui tendrement ploura.
21 Quant Gerames l'oyt, lors celle part ala,
Et quant jl vit Hulin, laisdement le blama,
»Qu'esse,« dist il »Huon? Vo corps nous hõnira.«

b) Bl. 201 v 36 — 206 v 14.

Li roys a pris la põme deuant sa bõne gent   [CDXIV
Et puis si le menga tost et apperttement,
En l'age de xxx ans reuint parfaittement,
201 v 1 Bien six vings en auoit a ce tamps proprement.
Et quant li empereres se vit en tel jouuent,
3 Il n'en vausist tenir son contrepois d'argent,
Adoncq fist deliurer Esclarmonde au corps gent.
Quant elle vit Huon, lie en fust durement,
6 Et Hulin l'acolla et baisa doulcement.
Le jour de sainte Pasques je vous dj vrayement
Vserrent les deux princes leur digne sacrement
9 Par droitte paix faisant bien et deüement

Et menerrent grant joie au palaix qui resplent.
Et le roy de Coulongne ne fist arrestement,
12 Pour conuoyer Huon fist appareillement,
Dessus vng noble car carquiet d'or et d'argent
Fust leuee Esclarmonde adoncq moult noblement,
15 Le roy fust auoeucq lui monté moult gentement,
De sa ch'lrie mena o luy grāment,
De si jusc'a Bordeaulx ne font arrestement.
18 Li abbe de Clugni a grant efforcement
Venoit assir Bordeaulx avirōneement,
Quant oīt de la paix recorder bōnement,
21 Jl en fust a son coeur esgouis durement,
Venus est em Bordeaulx li abbe simplement
Et la trouua le roy et Hulin ensement
24 Et Esclarmonde aussi fōme de son parent.
De dieu les salua a qui li monds apent,
Et Hulin l'onnoura et lui dist doulcement:
27 »Mandés nous Clarissette pour dieu omnipotent!
Car nous rauons no paix a no cōmandement.«
»Beau niés,« se dist li abbes »liés en suis durement,
30 Bien a fait l'empere(u)r[e] qui a le paix s'asent.«
Dont firrent esbaudir vng tournoy em present,
Tournoient ch'lrs et font esbattement,
33 Chascun a son pouoir a deduire se prent.
.Xv. jours furrent la en grant esbattement,
Et puis li emperere en fist departement,
36 Et li abbes aussi auoeucque le conuent,
202 r 1 Et Hulin demoura qui tant ost hardement
Auoeucques Esclarmonde qui de beaulté resplent
3 Et le bon maressal au fier contenement,
Senescal de Bordeaulx le fist jsnellement
Et pour le bon seruice qu'i luy fist līement
6 De .iiii. bons chasteaulx lui a jl fait present.
Hulin maintint la terre tant et si longuement,
Que le tamps approcha que jadis ot conuent
9 Au bon roy Auberon qu'il ama lealment
D'aler en faerie tenir le casement.
Hulin en appella sa moullier au corps gent,
12 »Dame,« dist le bon conte »or oiés mon talent!
Bien scaués, c'Auberon nous fist cōmandement
D'aler en faerie en ce tamps proprement,
15 Or nous conuient laissier le nostre casement
Et entrer en la mer a l'orage et au vent,
Tant c'auerons trouué le lieu nobles et gent
18 Ou Auberon nous voeult courōner noblement;
De Clarisse ma fille me poise durement,
Dont souspira le conte de coeur parfondement,
21 Et la belle Esclarmonde ploura moult tendrement.
Hüe en appella Esclarmonde o vis cler,   [CDXV
»Dame,« se dist li contes »jl nous conuient aler
24 Droittement a Momur, ne poons contrester;
Car le tamps est venus, ce scachés sans fauser ;
Car le roy Auberon le nous vault cōmander.
27 De Clarisse ma fille me doibt forment peser

Qu'i nous faurra ainsy guerpir et endosser.
A qui le porrons nous bailler et deliurer?«
30 »Sire,« se dist la Dame »se dieu me puist sauuer,
Ne scay hōme en ce monde ou se peuist fïer
Fors a vo seneschal qui tant fait a loër,
33 C'est vng bon ch'lr, je ne scay le sien per.
Laissons a ly no fille et la terre a garder,
Tant qu'elle soit em point de son corps marïer!
36 Puis vorra ses amis par my France mander.
202 v 1 Au los de ses amis jl le face assener!
C'est le mieudre consail que vous scache dōner.«
3 »Dame,« se dist li quens »ce fait a creanter.«
Dont fist les ch'lrs de sa terre mander
Et tint moult noble court et fist partout crïer,
6 Et quant furrent venus si demaine et ses per,
Adoncq les appella Hulin sans demourer,
»Segneurs,« se dist li quens »voeullés moy escouter!
9 Je ne puis auoeucq vous jcy plus demourer,
Mes sires Auberon que je doy moult amer
Si m'a fait a Momur semondre et mander;
12 Car jlleucq me vorra sa courōne dōner,
De la grant faerie me fera possessor.
Et ves jcy ma fille qui moult fait a loer,
15 Qu'i me conuient laissier! Cy le fault demourer,
Elle n'a que .iiii. ans, c'est legier a prouuer.
Pour dieu, segneurs barons, or en vocullés penser!
18 Veés jcy Bernard le gentil et le ber,
Lealment m'a seruy et passa pour moy mer,
Et pour son bon seruiche lui lesray possesser
21 De trestoute la terre que j'ay a gouuerner,
Je l'en fais souuerain pour mes biens ordōner
Et pour mettre en tresor et le païs garder,
24 Et Clarisse ma fille qui le viaire a cler
Je le mès en sa garde. Or en voeullés penser,
Si que dieu ne le monde ne le puisse blasmer!«
27 Adoncq prist vng baston et si l'ala leuer,
Deuant toux les barons l'ala a hireter
Et Clarisse sa fille lui ala deliurer.
30 Or a li ber Huon sa besongne ordōnee   [CDXVI
Et puis dist aux barons: »Ralés en vo cōtree!
Se Bernard a besoing ne riens qui desagree,
33 Se lui voeullés aidier au trenchant de l'espee,
Si com feriés pour moy! Car ensement m'agree.«
Et cilx lui ont la chose fiancie et juree,
36 La contesse Esclarmonde qui depuis devint fee
203 r 1 A dōné de beaulx dons, ains que fist desseuree.
Droit ens o mois d'apuril que doulce est la rousee
3 Entra li bers Huon dedens vne gallee
Auoeucques sa moullier la contesse senee,
Et les bons mareguie[r]s ont leur voilles leuee.
6 Adoncq ost em Bordeaulx grant noise et grant criee,
Et disoit haultement la gent moult esgaree:
»Ay, belle Esclarmonde, con dure destinee!
9 Et vous, conte gentilx, de grande renōmee

Or ont trestout perdu le gent de la contree.«
Et Hulin va nagant par my la mer sallee;
12 Mais (jl) ne scet ou jl va, ni en quelle contree,
Ains va querre aduenture par my la mer bettee
Au voloir Jhūcrist et sa mere loee,
15 Ensement com la chose lui estoit deuisee,
Qu'i se meïst en mer en jcelle journee
Et jl lui aideroit, que voie auroit trouuee
18 Pour venir a Momur celle terre faee.

Va s'ent Hulin li ber auoeucque sa mouller,   [CDXVII
   A l'auenture vn parmy le mer nagier,
21 A dieu se cōmanda le pere droitturier,
.Xv. jours fust en mer sans le voille abaissier,
Qu'i ne vit riens que cel et yaue pour nager.
24 Et au xvie jour se prist a regarder
Et vit vng grant chasteau seant sur vng rocher,
Et en son du chastel j auoit vng clocquier.
27 Et quant Hulin le vit, dieu prist a grassïer,
Adoncq en appella le maistre marōnier,
»Amis,« se dist li contes »or pensés d'approcher
30 Che chastel la endroit sans point de l'atarger!
Car ennuit me vorray la endroit herberger.«
Et cilx a respondu: »Ce fait a ottroyer.«
33 Son callant mist arriue, Hulin vint o grauier,
Sur la terre monta, puis a pris le destrier
Et le bon pallefroy de sa franche moullier,
203 v 1 Puis dist a marōniers: »A toux vous voeul prïer,
Que par dedens Bordeaulx pensés du repairier.
3 Et se me saluës Bernard le ch'lr
Et lui dittes, qu'il pense de l'enffant que j'ay chier!«
Et chilx ont respondu: »Ce fait a ottroyer.«
6 Au departir ont pris fourment a larmïer,
Et le conte s'en va qui pense de brocher,
O lui va Esclarmonde que dieu gard d'encōbrier.
9 Tant ceuauchent ensamble, que droit a l'anuittier
Sont venus au chastel qui fait a resongnier.
A l'entrer au chastel ont pris a regarder
12 Vng moigne grant et fort qui le coeur ost moult fier,
Qui est venus au conte, si lui print a crïer:
»Sire, bien vegniés vous en cestuy hiretier!
15 Deschendós cy endroit! Bien vous feray aisier.«
Et Hulin respondit: »J'en ay grant desirier.«
Entrés sont au chastel, n'i vaurrent detrïer,
18 Hulin par le chastel a pris a regaittier
Et a veü maint moignes ensamble tutiller,
Jlleucq les a veü tellement embronquier,
21 Qu'i ne les poeult a plain veoir ne regaittier.
En vne riche chambre entra pour lui aisier,
La table trouua mise et assés a mengier
24 Et pain et char et vin a trouué sans danger
Et vng beau lit paré, s'aler j voeult coucher;
Mais en la nuit ne vit sergant ni escuier
27 Ne moigne ne abbé pour lui afestïer
Qui entrast en la chambre, pour lui a desraignier

N'a hōme nul viuant cambrelenc ne huissier.
30 **O**r fust Hulin li ber par dedens l'abaye, [CDXVIII
La table trouua preste et le bon vin sur lie
Et le feu pour coffer, la couche appareillie
33 La mengue et se boit, la sert sa doulce amie.
»Sire,« dist Esclarmonde qui estoit moult jolie
»On nous prise petit, se dieu me benaye,
36 Quant ne vois bōme nul qui vostre corps festie,
Ne qui pense de nous ne que nulle riens die.
Ou est ore li moignes qui par sa courtoisie
39 Nous presenta orains sa noble manandie?«
204 r 1 »Dame,« se dist li quens »je ne scay que j'en die,
Espoir c'est la coustume de cheste contrarie.«
3 Ainsy sont deuisés toute nuit anuittie,
Tant qu'i se sont couchiés par dedens l'abbeye,
A Esclarmonde dist li quens a celle fie:
6 »Dame, c'or nous leuons pour dieu, je vous em prie,
S'alons ouïr matines, tant est, je vous affie.«
Et la dame respont: »Beau sire, je l'ottrie.«
9 Adoncq se sont leués toux deux par compaignie
Et pour ouïr matines ont l'eglise approchie.
12 **L**e conte se leua qui n'i fust arrestant, [CDXIX
Puis a pris Esclarmonde et le va conduisant
Jusques dedans l'eglise ou jl oït le chant, = ed. Schw. 2684.
La a veü mains moignes qui aloient chantant;
15 Mais n'i auoit autel ne nul liure lisant,
Chascun a son droit tour venoit faire son cant.
Quant jl auoit chanté, lors s'en aloit fuiant,
18 Ainsy c'on le cachast a l'espee trenchant
Et c'on le vausist la tuër jncontinant;
Et bien chent s'en aloient tout vng a vng fuiant.
21 Et quant Hulin voit ce, si mua son samblant,
Et la belle Esclarmonde en ot paour si grant,
Que ne desist vng mot pour tout l'or d'oriant.
24 Et le noble Hulin les aloit regardant,
D'Auberon le faé lui va bien ramembrant
Qui lui ot commandé, quant s'ala desseurant,
27 C'au jour qu'i partiroit de sa contree grant,
C'adès portast sur luy vne estolle poissant.
Pas ne l'ost oublïee Hulin au coeur vaillant,
30 L'estolle auoit sur luy, lors le va attandant,
Regardé a vng moigne qui fust hideux et grant
C'a la fuitte se mist, con s'on l'alast chassant.
33 Et Hulin li gentilx lui est venus deuant,
L'estolle qu'i tenoit lui va au col jestant,
Et puis a dist au moigne: »Vous n'irés plus auant,
36 Tant que vous m'arés dist le vostre conuenant.«
Hulin a pris le moigne par l'estolle roiaux [CDXX
Et puis jl lui a dist: »Ou vas-tu moigne faulx?
204 v 1 Ce n'est mie coustume de bons moignes loiaulx,
Que vos matines dittes. Ou est vo estapliaux
3 Et ou est vos auteulx, ou mettés vos joiaulx?
Je vous conjur de dieu qui est espesiaulx,
Que vous me diés vray, se c'est chy jnfernaulx

6 Et se c'est depar dieu, que menés tel cembiaulx;
  Car de paour en est rougis tous mes ceruiaulx.«
  »Amis,« se dist li moignes »preux estes et loiaulx.
9 Alés vous ent de cy, qu'i ne vous viengne maulx!
  Car jl n'i a ceans ne moustier ne clauchau.
  Nous fusmes esperites des cieulx celestiaulx, = Schw. 2710-38.
12 Cy sōmes par le fait que fist Luciabiaux.«   = Schw. 2712.
  »Amis,« se dist li moignes »mal estes hostelés,   [CDXXI
      Mors fussiés et perdus, se ne fussiés amés;
15 Mais en no compaignie aulcuns amis aués.
  Amis, trestoulx ces moignes que vous jcy veés
  Ce ne sont qu'esperite, si voir que dieu fust nés.
18 Bien anés ouy dire, quant dieu fust aīrés
  Contre Lusiabel qui tant fust deffaés,
  Que de paradis fust Luciabel versés   = Schw. 2710.
21 Et les angles aussy dont jl j ost assés.
  En .vi. jours ne fina, ce fust grant pouretés,
  De cheoir esperites dont jnfer fust poeuplés.
24 Nous en fusmes aussi, nō mie des dampnés,
  Ains nous fust ce lieu cy du createur dōnés,
  Cy sōmes jour et nuit et si faisons nos grés
27 En attendant le jour, esperans, que pités   = Schw. 2731.
  Sera au createur qui o chiel est montés,
  Si croy, c'au jugement nous aura courōnés
30 Anoeucq ses bons amis en ses grans magestés.
  Or vous ai-je dist vray, de riens n'en ay faussés
  Et bien vous scay a dire, que tel que me veés
33 Je seroie bien tost mille lieue vollés
  Et aussy tost seroie par de ca retournés.«
  Quant Hulin oist le moigne qui lui dist et aprent [CDXXII
36   Son estat et sa vie, si en rist bōnement,
  »Esperites,« dist jl »or me dittes briefment!
  Scariés vous point aler par nul deuisement
39 O castel de Momur? Auberon m'i atent.«
205 r 1 »Amis,« dist l'esperite »g'y voy assés souuent,
  Dedens la faerie prenons esbattement.«
3 »Amis,« se dist Huon »je te pri, or entens,
  Je te conjur de dieu et du saint sacrement
  Et de la mere dieu te conjure ensement
6 Et de sains et de saintes le fais cōjurement,
  Que moy et ma mouller que tu vois em present
  Portés droit a Momur moy et ly vrayement.«
9 »Amis,« se dist li moignes »a uo cōmandement.«
  Lors encarga Huon et Esclarmonde prent,
  Entre ses bras les mist et bien et gentement.
12 Adoncq se mist en l'air sans nul arrestement,
  Droit au solail leuant, se l'istoire ne ment,
  Les mist droit a la porte de Momur droittement.
15 Or est Hulin li ber a Momur le chastel,   [CDXXIII
  L'esperite le mist pardela vng prayel,
  Puis osta Esclarmonde jus de son hasterel,
18 A eulx a pris congiét li moigne sans rappel,
  Deuant Hulin se mist a magniere d'oisel.
  Et quant Hulin le vist, s'en mena grant reuel;

21 Mais Esclarmonde tramble com foeulle d'arbrissel,
»Dame,« se dist Huon qui le coer ost loyel
»Ne vous espouentés, mais prenés, tout est bel,
24 Se régardés ce lieu et ce noble castel!
En ce lieu porterés et couróno et cappel,
Layens maint Auberon qui le coeur a jsnel.
27 Dame, vecy Momur par le cors saint Marcel!
Cy porrons nous auoir grant joie et grant reuel,
Cy aray le poissance d'Auberon le loyel.«
30 »Sire,« dist Esclarmonde »par le corps Daniel
Mieulx amasse a Bordeaulx auoi[r] main[s]* de reuel,
Se verroye Clarisse mon doulx enffant loyel.«
33 »Sire,« dist Esclarmonde a la clere fasson   [CDXXIV
»Mieulx amasse a tenir mon petit enffanson,
C'auoir la segnourie du bon roy Auberon.«
205 v 1 »A dame,« dist Hulin »j'oy bien vostre raison,
Mais lors que vous serés en ceste mansion,
3 Jl ne vous en sera, scachés, se petit non.«
A jceste parolle entresrent au dongon,
A la porte ont trouué le courtois Malabron, = Schw. 2875.
6 Par moult grant amittié a acollé Huon,
Si dist: »Bien vegniés, sire, en ce noble royon!
Auberon vous atent, s'a pris confession.
9 Du siecle partira a bien briefue saison,
Au cōmandement dieu bien obayr doibt on.«
Atant es Gloriant le riche roy de non
12 Et mainte noble fees de moult belle fasson
Qui pardeuant le conte chantoient a doulx son,
Qu'i n'est menestraudie en nulle region
15 A quoy on poeuist faire nulle comparison
Du chant et de la joie que la endroit faist on
Encontre la venüe du demoisel Huon.
18 Et Auberon estoit en grant contrission
En vne riche chambre de moult gente fasson,
Vne fee lui dist a moult doulce raison:
21 »Sire, la noble feste que la endroit fait on,
C'est contre la venüe de Hulin le baron
Que ceans debués mettre en vo possession.«
24 Et quant le roy l'oït, a moult doulce raison
A dist: »Amenés moy le leal dansillon,
Le plus gentil du monde qui soit en nul roion,
27 Celui qui ne pensa oncques jour trahison,
Celui qui ne cacha oncques jour que raison!
Bien est venus a point. Or lui dōnés beau don!«
30 LE bon roy Auberon a fait Huon venir,   [CDXXV
En son lit se gisoit appresté de morir,
L'heure scauoit le roy que jl debuoit finyr.
33 Hulin et Esclarmonde ne vaulrent alentir,
Au bon roy Auberon se sont alés auffrir,
»Sire,« ce dist Hulin »dieu vous puist benaïr!
36 Cy suis venus au jour, point n'ay volu faillir
Et s'i vous plaisoit, sire, par le corps saint espir,

---

205 r 31. *Hs.:* auoit maint.

206 r 1 Que moy et ma moullier poeuissons reuerttir,
  Volentiers en jricsmes le nostre enffaut veïr.«
 3 »Hulin,« dist Auberon »ce ne poeult auenir,
  Jl vous est destinés, que vous debués tenir
  Droit cy le lieu de moy ; car jl me fault partir.
 6 Contre le roy Artus arés fort assouffrir;   = Schw. 2911.
  Car volentiers vorroit en ma terre venir,
  Mais ja ne le tendra, se scachés sans mentir.
 9 Deffendés vostre hōneur! Ne le vous puis tollir,
  Eür et destinee vous en feront jouir,
  Ains trois jaurs me verrés de ce siecle finir.« = Schw. 2907.
12 Lors dist a Gloriant qui moult fist a cremir,
  »Gloriant,« dist li roys »alés sans alentir,
  Aportés ma courōne! Je voeul Hulin seruir,
15 Couronner le vorray pour lui a resioïr,
  Puis me verrés briefment ce realme guerpir.«
  Auberon fist tantost sa courōne apporter   [CDXXVI
18 Et puis a fait Huon en son siege poser,
  Sa courōne lui fist dessus son chief poser,
  Se lui a dist: »Hulin, jcy vous voeul dōner
21 Toute la segnourie que j'ay a gouuerner
  Et toute la poissance que dieu me vault dōner
  Et que puissiés partout et venir et aler,
24 Aussi que je faisoie, quant pouoie rengner.«
  A Esclarmonde fist courōne o chief poser,
  La furrent maintes fees pour son corps hōnourer
27 Et pour le ber Hulin seruir et amonter,
  La vault roy Auberon a trestoulx cōmander,
  C'on vaulsist ber Hulin seruir et aloser,
30 Et leur a fait trestoux fiancer et jurer.
  L'endemain au matin vault Auberon finer,
  Puis fist on le sien corps oindre et baufumer
33 Et dedens vne fiertre le sien corps enfermer,
  La fust par aïmant en air bien esleué(r),
  La venoient les fees desoubz lui caroller.
206 v 1 Et quant le roy Artus a ouy recorder,
  Que mors fust Auberon qui tant fist a loër,
 3 Adoncq vint a Momur, se cuida ens entrer,
  Mais Hulin lui a fait le passage veer,
  Gloriant Malabron vaurrent Artus mander,
 6 Qu'il auoient segneur pour eulx a gouuerner.
  Et quant Artus l'oït, si les va deffïer,
  En l'ille de Bouscault fist bataille assigner.
 9 Le jour de la saint Jehan, con le deust selebrer, =Schw. 3066.
  A jcelle journee que vous m'oés compter,
  Se deubrent les deux roys l'ung a l'aultre assambler;
12 Mais a ce c'ay oy en l'istoire compter,
  Le roy Hulin fist tant, c'Artus en fist aler
  Et c'a paix lui lessa de Momur possesser.

www.ingramcontent.com/pod-product-compliance
Lightning Source LLC
Chambersburg PA
CBHW030547270326
41927CB00008B/1554